タイで働く

海外へ飛び出す①

working in THAILAND

佐倉弥生 *Sakura Yayoi*

吉田 隆 *Yoshida Takashi*

めこん

タイ適性度チェック——あなたはタイで暮らせますか

❖質問の回答がYESなら2点、NOなら0点、どちらとも言えないなら1点を加え、合計点数で診断します。

Section Ⓐ

・寒さよりも暑さに強いほうだ。
・体力には自信がある。
・タイ料理は大好きだ。
・外国人の友達または恋人がいる（いた）。
・アジアの混沌としてエキゾチックな雰囲気が好き。
・日本の文化伝統にだって興味がある。
・とにかく理屈抜きでタイが好き。
・日本で暮らしていると、何か窮屈なものを感じる。
・タイの汚い屋台で食事しても平気。
・今のうちに自分の可能性を試してみたい。
・夢や目標のためなら多少の苦労も厭わない。
・学生時代から歴史や地理、世界の文化などに興味があった。
・自分の年齢は20代だ（30代なら1点、40代なら0点）。
・持病はなく、大病をした経験もない。
・親兄弟ともに健康で、自分が日本を離れても大丈夫だと思う。

Section B

・英語が得意だ。
・仕事に生かせる得意分野が1つ以上ある。
・コンピューターはある程度なら扱える。
・タイ関係、アジア関係の本が好きで読みあさっている。
・決断力があり物事をてきぱきと処理できるほうだ。
・仕事を部下や後輩に任せることができる。
・創造力に富んでいると思う。
・一度行った場所はちゃんと覚えている。
・他人のささいな間違いや失敗を許せる。
・日本で就職した経験がある（1年以上の長期アルバイトは1点）。
・方向オンチではないと思う。
・今、日本でタイ語を勉強している。
・同じ失敗は2度以上繰り返さない。
・細かいことにまでよく気がつくほうだ。
・職場のデスク（学生なら勉強机）はきちんと片づいている。

Section Ⓒ

- 行動力と決断力がある。
- 好奇心が強い。
- 言うべきことはきちんと口に出して言うほうだ。
- 理想を抱き目標に向かって努力している。
- ちゃんと他人の意見も聞ける。
- 他人への面倒見はいいほうだと思う。
- ボランティアに興味がある。
- 自分は結構融通がきくほうだと思う。
- 相手の長所によく気づくほうだ。
- 人見知りせず誰とでもうち解けられる。
- 自分の将来への見通しを立てている。
- 自分が間違っていたらたとえ年下でも謝れる。
- 計画を立ててから実行に移すほうだ。
- 何事も事実にもとづいて判断する。
- 自分と違う他人の部分を受け入れることができる。

□診断結果□

☺ **合計点数90〜70点の人**

あなたは世界を舞台に仕事をする適性があります。逆に言えば、日本の中だけに居続けるよりも、積極的に外国へ出て自分の能力を試してみるべき資質を備えています。
今、タイという国に興味があるのならば、その気持ちを大切にして下さい。どんな時でも自分の可能性を信じて、前に進んでいくことです。ただし、周囲の意見も取り入れるようにし、この本のインタビュー部分をよく読んで参考にして下さい。

😐 **合計点数が69〜50点の人**

タイ適性度がかなり高いあなた。タイへ行ってバリバリ仕事をこなせる可能性は充分にあります。今、あなたは日本で仕事をすることに窮屈さを感じていたり、自分の可能性をもっと試してみたいと強く感じていませんか？　あとはあなた自身の決断だけです。タイに関する情報収集をしっかり行い、自分の進むべき道を選択して下さい。

☹ **合計点数が49点以下の人**

あなたのタイ適性度はあまり高いとは言えません。ただし、一番大切なのは、あなたがタイを好きだという気持ち。この気持ちさえあれば、いろいろな障害もきっと乗り越えられるはず。まずは日本で仕事のキャリアを積むことや、英会話やタイ語のレッスンをすることから始めるのも良いかも知れません。

【Section Ⓐ】では、タイに住むことに向いているかどうかの基本チェックをしています。ここの点数が低いと、タイで仕事をする以前の問題ということになります。少なくとも、タイの雰囲気や料理が好きで、かつ健康な人でないと、タイで生活すること自体が難しくなるでしょう。

☞ ガイドの生活費の目安（16ページ）、住まいを決める（22ページ）、健康管理（30ページ）を参照

【Section Ⓑ】では、外国で仕事をする適性についてチェックしています。タイでは日本人ということだけで、周囲のタイ人より高給取りとなり、いきなりマネージャーになったりしますので、仕事の経験の少ない人にはかなり厳しくなります。自分の得意分野を持つことがポイントです。

☞ ガイドのタイ語をマスターする（58ページ）、技術を身につける（64ページ）、仕事探しの方法（72ページ）、現地採用の労働条件（78ページ）を参照。

【Section Ⓒ】では、外国で働く性格的な適性についてチェックしています。タイ人と一緒に仕事をすれば、日本人同士のように何も言わなくても分かり合える、というわけにはいきませんから、違う部分を認め合うゆとりと協調性が大切になります。

☞ ガイドのタイで働く心構え（83ページ）を参照。

タイで働く●目次

ガイド○タイで学ぶ

ガイド○タイで働く

ガイド○タイで暮らす

インフォメーション

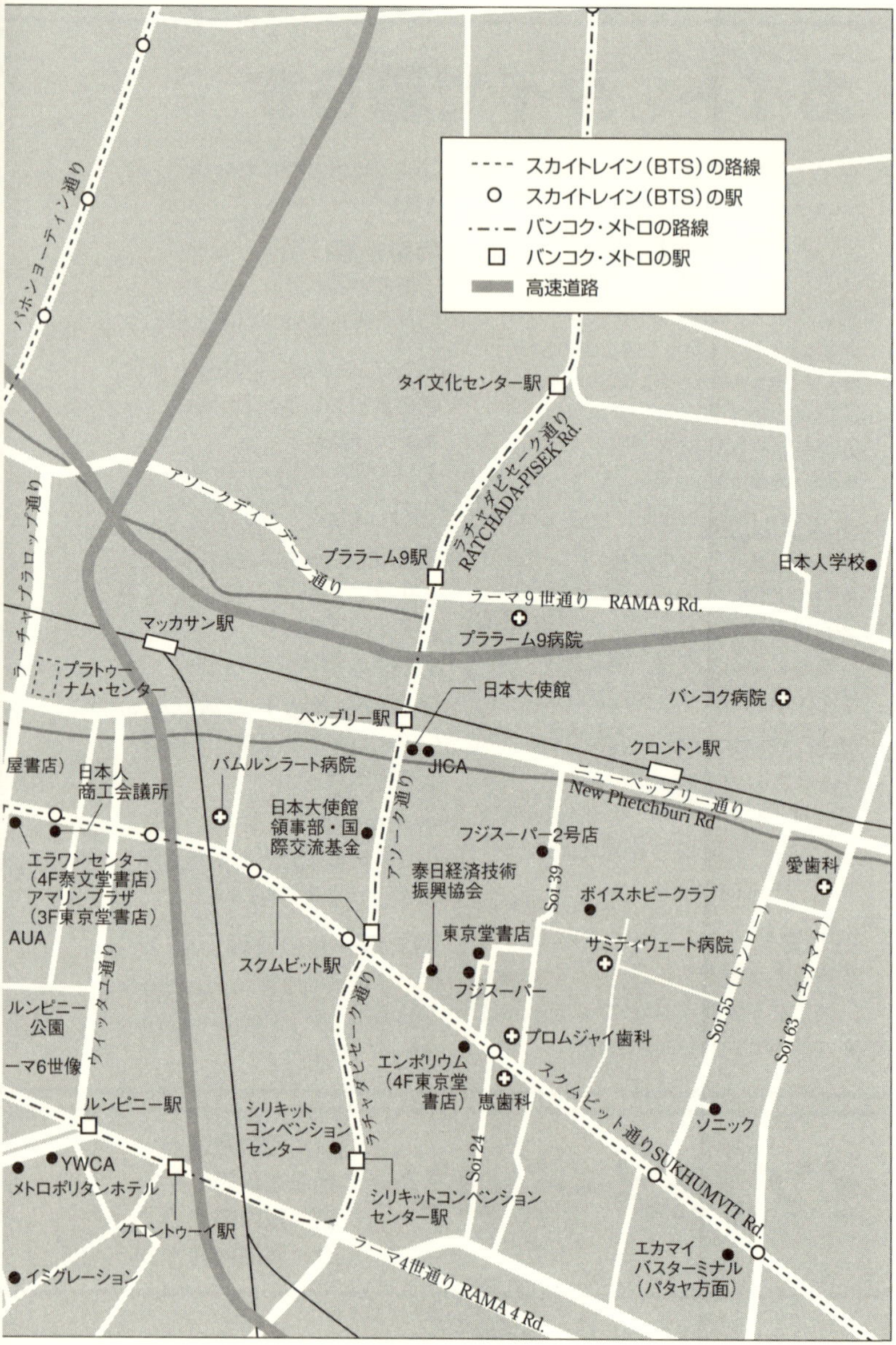

スカイトレイン（BTS）の路線
スカイトレイン（BTS）の駅
バンコク・メトロの路線
バンコク・メトロの駅
高速道路
パホンヨーティン通り
タイ文化センター駅
ラチャダピセーク通り
RATCHADA-PISEK Rd.
アソークディンデーン通り
プララーム9駅
ラーマ9世通り RAMA 9 Rd.
プララーム9病院
日本人学校
ラーチャプラロップ通り
マッカサン駅
プラトゥーナム・センター
日本大使館
バンコク病院
ペッブリー駅
JICA
クロントン駅
ニューペッブリー通り
New Phetchburi Rd
屋書店）
日本人商工会議所
バムルンラート病院
日本大使館領事部・国際交流基金
フジスーパー2号店
エラワンセンター（4F泰文堂書店）
アマリンプラザ（3F東京堂書店）
AUA
アソーク通り
泰日経済技術振興協会
Soi 39
ボイスホビークラブ
愛歯科
東京堂書店
サミティウェート病院
スクムビット駅
フジスーパー
ウィッタユ通り
ルンピニー公園
ーマ6世像
プロムジャイ歯科
エンポリウム（4F東京堂書店）
恵歯科
Soi 55（トンロー）
Soi 63（エカマイ）
スクムビット通り SUKHUMVIT Rd.
ソニック
ルンピニー駅
シリキットコンベンションセンター
ラチャダピセーク通り
Soi 24
YWCA
メトロポリタンホテル
シリキットコンベンションセンター駅
クロントゥーイ駅
エカマイバスターミナル（パタヤ方面）
イミグレーション
ラーマ4世通り RAMA 4 Rd.

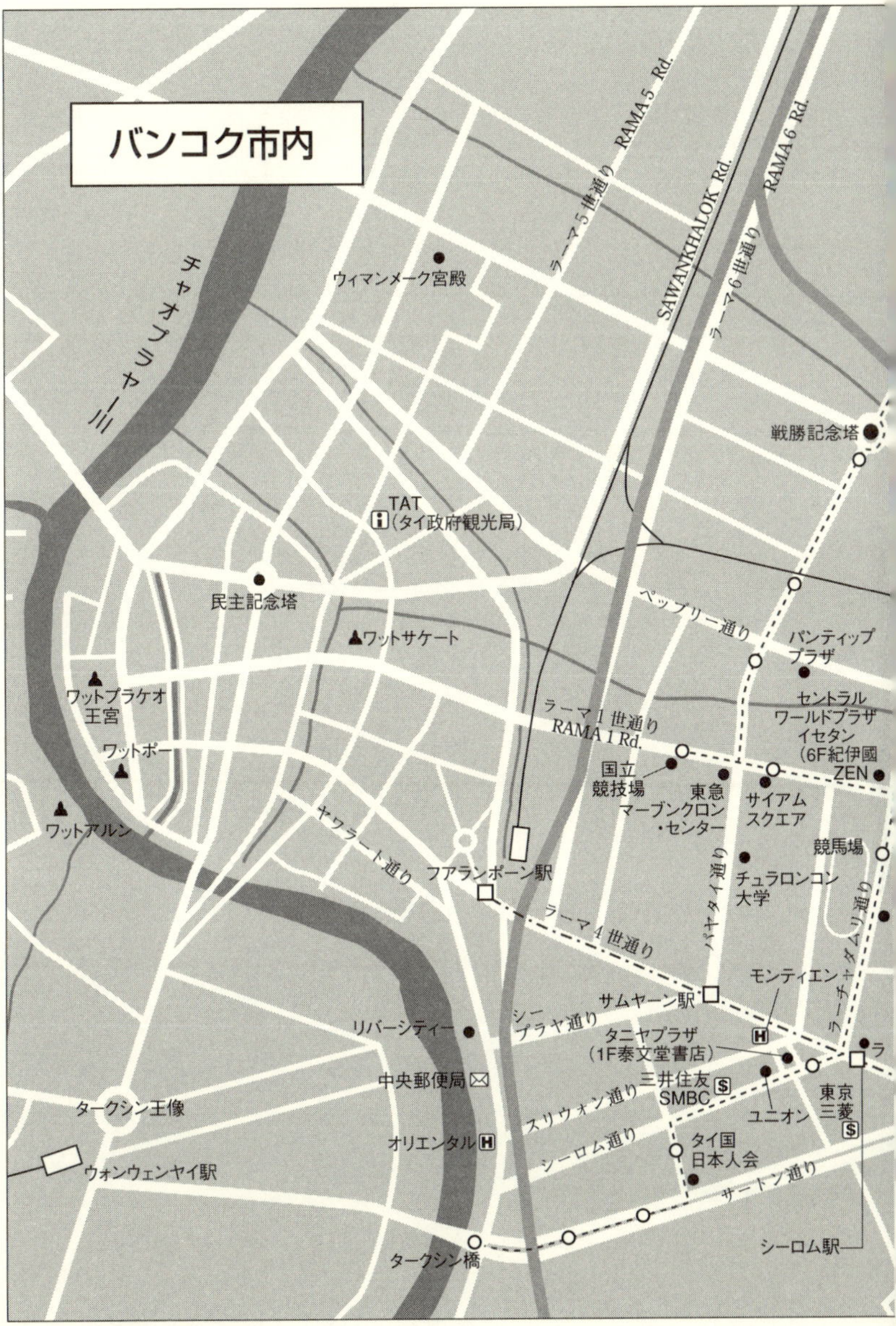
バンコク市内
チャオプラヤー川
ウィマンメーク宮殿
ラーマ5世通り RAMA 5 Rd.
SAWANKHALOK Rd.
ラーマ6世通り RAMA 6 Rd.
戦勝記念塔
TAT
(タイ政府観光局)
民主記念塔
ワットサケート
ペップリー通り
パンティップ
プラザ
セントラル
ワールドプラザ
イセタン
(6F紀伊國
ZEN
ワットプラケオ
王宮
ワットポー
ワットアルン
ラーマ1世通り
RAMA 1 Rd.
国立
競技場
東急
マーブンクロン
・センター
サイアム
スクエア
ヤワラート通り
フアランポーン駅
競馬場
チュラロンコン
大学
パヤタイ通り
ラーマ4世通り
ラーチャダムリ通り
モンティエン
サムヤーン駅
シー
プラヤ通り
リバーシティー
タニヤプラザ
(1F泰文堂書店)
ラ
中央郵便局
三井住友
SMBC
東京
三菱
スリウォン通り
ユニオン
タークシン王像
シーロム通り
タイ国
日本人会
オリエンタル
ウォンウェンヤイ駅
サートン通り
タークシン橋
シーロム駅

インタビュー

&

業界事情

日本語教師
大畑真理子

Mariko Ohata

教え子の成長ぶりを確認する瞬間が至福の時です

一九五八年六月二四日生まれ　東京都豊島区出身
◎清泉女子大学卒業　八八年九月来タイ
◎勤務先：タマサート大学タープラチャン校（日本語タイ人教師七人、日本人常勤講師二人、日本人非常勤講師二人）
◎肩書き：日本語常勤講師
◎労働条件：月四万二〇〇〇バーツ、毎日曜休み
◎住まい：パヤタイ通りのアパート

大学卒業後、私が最初に就職したのは、外資系のアメリカンファミリー生命保険会社です。この会社は今でこそ有名になりましたが、当時は日本に上陸してまだ五年しかたっていない小さな会社でした。外資系なので、採用された社員は海外帰国子女などが中心。今思えばひと癖もふた癖もある連中の集まりで、社内には独特の雰囲気がありました。私はガン保険の保険金部という審査部門に配属され、以後六年間、ガン保険の審査にあた

りましたが、ガン患者の家族や関係者から、看護や生活の苦しさを聞かされる毎日で、駆け出しの小娘には荷が重すぎる仕事でした。当時は病気のことを本人に告知することはまれで、すべての処理が秘密裏に行われていたのです。実は、入社三年目に母をガンで亡くし、自分で母親の保険の申請をするハメになったりもして、少々この業務に疲れを感じていました。

そんな時、大学時代にお世話になったある方の紹介で、漫画『美味しんぼ』の原作者・雁屋哲氏のプロダクション「遊《ゆう》」に転職することになり、そこでイベントのプロデュースや食関係の取材に関わるようになりました。元来、料理は好きでしたし、いろいろな国の食文化に興味があったので、仕事はとても楽しいものでした。この頃から、東南アジアの食文化、とりわけタイの食文化に興味をひかれるようになり、休暇を利用してはタイへ出かけるようになりました。タイの市場に初めて足を踏み入れた時の興奮は、今でも鮮明に覚えています。タイ特有の匂いと活気。見たことのない食材の山。『美味しんぼ』の仕事では、日本や西欧の食文化が中心でしたので、タイの食材に触れた時は、まさに目からうろこの思い。アジア文化の強烈な刺激と魅力が、そこに凝縮されていたのです。それからは、ますますタイを知りたいという気持ちが高まり、日本でタイ語を習ったりしました。こうして徐々に、私とタイとの距離は縮まっていくことになります。

プロダクションに入って数年たったある日、雁屋さんがオーストラリアに移住する計画を立てている、という話を聞かされました。この頃には、バブルまっただ中の、いわゆる業界の世界にもうひとつ馴染めない自分に気づいていましたので、雁屋さんのこの話を聞いて、自分にも大きな転機がきたのだな、と思いました。当時、タイ語学校で知り合った女の子がタイに住み始め、彼女からしきりにタイへ来るように誘われていましたので、まあ現地のタイ語学校でタイ語を三か月くらいやってみようかな、と気楽な計画を立てて、この仕事にはピリオドを打ってしまいました。一応、タイ行きの話は父にも相談したのですが、「それもいいんじゃない」と、これまた気楽に同意してくれます。反対されたらやめようぐらいの気持ちだったのですが、父に後押しされたことで心は決まりました。こうして八八年九月から、タイでの生活がスタートしたのです。

初めのうちは、私を誘ってくれた女の子が住む、スクムビットのアパートに自分の部屋を借りて、近所の泰日経済技術振興協会（ソーソートー）でタイ語を習っていました。一通りのタイ語学習が終わった後は、しばらくぶらぶらしていたのですが、ある知り合いの方が「それほどタイの食に興味があるのなら」と言って、『サイアムビジネスニュース』という邦人向け経済紙の、レストランの紹介記事を書く仕事を紹介してくれました。八九年当時、この経済紙はまだ創刊したばかりで、連載第二回目のレストラン紹介から、私が外部ライターとして担当することになり、以降、同紙が突然消滅した九七年三月までの七年間、タイ人記者とコンビを組んで取材に行き、毎週一本の記事を書いてきました。その後、同社が発行した『タイランド情報』という雑誌でも料理記事を担当することになり、タイ各地に取材に出かける機会を得、また後には、アジア情報誌『アジアデイライト』でも食に関するコラムを書く機会を得ました。これらの取材のおかげで、さまざまな店の、さまざまな料理と食材に出会うことができ、私自身の興味も満たされて、まさに趣味と実益を兼ねた充実した仕事になりました。

話は戻って、ライターの仕事を始めてしばらく経った頃、タイで知りあった友人から、チュラロンコン大学日本語学科の非常勤講師の仕事を紹介されました。これが私と日本語教育との出会いとなります。私の職歴とはおよそ関係のないこの仕事は、当然ながらまったく未知の職業。長く勤めようとは考えていませんでしたが、未体験の仕事だということで興味を持ち、教壇に立つことにしました。有名大学といっても国立の学校ですし、非常勤の身でしたから、給料は本当に微々たるもの。時間給にすると一時間一〇〇〜一五〇バーツほどで、教えたコマ数分しか給料は出ません。そのかわり、空いた時間は自由に使えますから、レストラン紹介の仕事も続けることができました。教師の経験は大学時代の教職過程で行った教育実習くらいだし、日本語の具体的な教え方に関する知識も無いに等しいわけですから、とにかく自分で勉強しなければ何もできず、同僚に助けてもらいながらの悪戦苦闘でした。その頃は非常勤でも、大学がビザのためのインビテーションレターを書いてくれたので、お陰でタイでの私の身分がしっかりとしたものとなり、この肩書きはタイで生活するのに大層役に立ってくれました。

私が日本語教師となった八九年は、ちょうどタイで日本語学習熱が高まってきた時期と重なっていて、日本語学習者の数が増え続けていた時代です。ところが、教える側の人数が少なく、しかも経験の浅い教師が多いという、タイの日本語教育界の実状がありました。これを改善しようとしたのが、当時タイに派遣されていた国際交流基金の日本語教育専門家の先生方で、彼らが中心となって始めたのが、タイ人日本語教師のための月に一度の勉強会でした。これが、現在のタイ国日本語教師研究会です。当初はタイ人のために結成されたのですが、現地で採用された日本人の教師も参加できるようになり、お互いの教育現場での問題や、指導法などさまざまなテーマについて話し合うようになりました。ここでの経験は非常に役に立っています。また、この会に参加したことで、それぞれの教育現場で、日々さまざまな問題と闘っている日本人教師との数多くの出会いがあり、刺激を受けたり励ましあったりして、どの職業よりもこの仕事に大きな魅力を感じるようになっていきました。タイでは、日本では経験できない、人と人とのネットワークを築くことができます。タイで働くおもしろさは、そんなところにあるのかも知れません。

仕事の幅はどんどん広がっていき、チュラロンコン大学の非常勤講師をメインに、レストラン紹介の記事の執筆、日系企業が行う日本語研修の講師、そして国際交流基金バンコク日本語センターのタイ人日本語教師を養成するプロジェクト「タイ国中等教育日本語教師養成講座」でも週に何時間か授業を受け持つようになりました。さらに、九四年暮れからは、空き時間を利用して週二日ほど、世界的リゾートホテルチェーンのオフィスでトラベルコンサルタントもしていました。ここでの仕事は、日本人顧客の予約などのお世話をする、いわゆるサービス業です。仕事自体は楽でしたが、タイ人、フランス人スタッフの中で日本人は私一人。なかなか人間関係のたいへんな職場でした。

この頃には、日本語教師を始めて六年が経過していましたので、経験だけは人並み以上にありましたが、いつまでたってもどこか腰掛け的な状態に、常に疑問を持っていました。ちょうど時期も同じく九六年頃から非常勤講師のビザ取得が難しくなり、いよいよ常勤のしっかりした就職先を見つけるか、日本へ帰国するかの選択を迫られましたが、ちょうどタイミング良く、タマサート大学の日本語学科で日本人講師を募集していたので、迷わず応募。なんとか選考に通り、九七年から常勤講師として勤務しています。

教師は学生という生身の人間と日々接していますので緊張しますが、学生たちがゼロから日本語学習を始めて、だんだんと成長していく過程を眺めるのは大変興味深いことです。その成長ぶりを眺めていると、決して仕事に飽きがこないのです。彼らが卒業する頃には、人間的にもぐっと大きくなっているもので、そういう姿に触れる時が至福のときです。こんな喜びが、日本語教師の魅力なのではないでしょうか。

業界事情

日本語教師

■ 日本人ならではの人気職、奥の深い仕事 ■

日本人が海外でできる仕事は何かと問われて、真っ先に思い浮かぶのが日本語教師である。八〇年代のタイの高度成長期に、同じアジアの国で欧米と肩を並べる先進国である『ニッポン』は、タイでも常に憧れの対象となってきた。海外からの投資は日本が常にトップで、それにともなう日系企業の進出も星の数ほどになっている。また、観光のためにタイを訪れる日本人の数も、ここのところ年間一〇〇万人を超え、外国人観光客ではトップをキープしている。タイは非常に日本との関わりが深く、それだけに日本語を習得したいと思っているタイの人は多い。

講師の口は、大学をはじめとする公私の高等教育機関あるいは公共機関、ローカルの語学学校、企業内研修の講師、個人のための家庭教師などに分けられる。

まず、高等教育機関だが、大学あるいはそれに準ずる機関などでは、日本語学科を専門課程に設置しているところがいくつかある。新設の大学などでは日本語科目が新たに設置されたりしており、現在のところ、日本語教師の需要はまだまだ増えそうな状況にある。タマサート大学、チュラロンコン大学、カセサート大学、シラパコン大学（芸大）、チェンマイ大学などのトップクラスの国立大学をはじめ、シーナカリンウィロート大学などの私立大学などにも日本語学科が置かれている。

元日本留学生会の語学学校（ソーノーヨー）をはじめとするローカルの語学学校も、バンコクを中心に大都市にいくつかあり、その中には泰日経済技術振興協会（ソーソートー）の語学学校などの日本人が経営している学校もある。

企業内部での日本語研修の需要は、不況の影響もあり、減っている。また、家庭教師のような個人授業の形態も、生徒が富裕層に限られてしまうため需要は少ない。

現在、タイには日本語の講師を本職としている日本人が多数いる。これらの人々がより自らの能力を高めたり、問題を解決するために日本人のネットワークを作っているが、これが「タイ国日本語教育研究会（国際交流基金内事務局 Tel.260－8563～4）」で、タイ人の日本語講師を含めておよそ二〇〇人程のメンバーで構成されている。この会のメンバーではない日本語教師の人もまだ多数おり、国際交流基金などの、日本から派遣されている講師と現地採用の講師の総計は三〇〇人以上と推測される。給料は現地雇用の大学の講師で月給制だと六〇〇〇バーツから四万バーツくらい。ローカル大学の教師ではコマ制・時間制だと一時間一五〇～三〇〇バーツくらいからで、能力や経験、学校の経済状態などによって様々だ。

日本では「日本語教師養成講座」を開講している専門学校などの機関が多数あり、日本語教師の資格取得を目指す人たちが受講している。資格があれば就職に際して有利だが、授業では自分で作ったカリキュラムや教材を使うことも多く、経験を積むことが必要だ。授業は日本語で行うことが多いが、講師側のレベルや生徒側のレベル、あるいは学校の事情からタイ語や英語で行われることもある。たとえ授業で日本語しか使わなくても、他のタイ人講師や経営者とはタイ語などで交渉を行わなければならないことも多いので、やはりある程度の語学力が必要だ。案外と入りやすい職業ではあるが奥が深く、高給を取れる講師となるには経験とセンス、その人の努力が必要となる。

ホテルのマネージャー

鶴岡華恵 Hanae Tsuruoka

何事も経験。毎日の生活を楽しんでいます

一九七六年七月四日生まれ　東京都文京区出身
◎青山学院大学英文科卒　九九年四月より勤務
◎勤務先：モンティエン・ホテル（スリウォン通り、従業員七〇〇人、うち日本人二人）
◎肩書き：アシスタント・セールス・マネージャー
◎労働条件：月二万バーツ＋住居費、土曜半日・日曜休日、二年契約
◎住まい：ホテル内

私が初めてタイを訪れたのは、大学に通っていた二〇歳の時です。英語のゼミの先生がアジア研究も行っており、研修生としてタイのチェンラーイの山岳民族やカンチャナブリーにある孤児院、スラムなどを訪問したのがきっかけでした。

それまでの私は、外国といえばアメリカ。中学一年の夏休みに「可愛い子には旅をさせろ」と、親が英語もろくに話せない私を一人飛行機に乗せて、ロサンゼルスにいる叔父の所へ行かせたんです。以来、アメリカがとても気に入って、毎年夏休みと春休みにロスへ行くのが恒例となり、自然に英語にもなじんでいきました。

自由で豊かな国・アメリカが外国のイメージだった私ですが、それとはまったく違うタイの姿を見て「こんな国があったのか」と、とてもショックを受けました。子供が大好きな私は、スラムのゴミの山で遊んでいる子供や、HIV感染者の母親から生まれ、自らもHIV感染者として生きている子供を見て、「タイで子供たちを助ける手伝いができないだろうか」と強く思いました。ですから、本当は研修で訪問した『プラティープ財団』や、大学の先輩が先生をなさっているチェンラーイの『暁の家』で働きたかったのですが、いろいろな事情で難しく、それならば、職種は何でもいいからタイで仕事をして、ボランティア活動に参加していけたらいいな、と考えるようになったんです。

ホテル業務は、大学生の時にずっと池袋のサンシャイン・プリンスホテルでアルバイトしていたので、経験はありました。本当は、小さい頃からスチュワーデスに憧れていたのですが、背が足りないことであきらめざるをえず、それならば同じサービス業であるホテルで働いてみたいな、と思いました。

たまたま、私のいとこのお嫁さんがタイ人で、彼女のお姉さんがモンティエン・ホテルというタイ資本のホテルに勤務していたんです。そこで、大学四年生の時に三か月ほどこのホテルで研修をさせてもらい、その時に、卒業後もここで働かないか、と誘いを受けました。年齢が若いこととサンシャイン・プリンスホテルで働いていた経験が認められなかったことで、労働条件はあまり良くないのですが、何事も経験と思い、働く決心をしました。

モンティエン・ホテルでの仕事は、朝八時半から夕方五時半までは外へ営業に出かけ、その前後の時間に宿泊客のお世話をしています。

宿泊されているお客様への対応は、クレーム処理、VIPの送迎、お客様が病気になった際の病院の手配や付き添いなどです。

メインの業務である営業は、平均して一日六、七社をまわっています。訪問先はほとんどが日系企業で、一人でタクシーなどを使って移動しています。訪問先が近くにあればいいのですが、遠くの場所にある時は大変です。ですから、日系企業リストを参考にしたり、知り合いの方からご紹介いただいたりして、同じエリア内の企業数件にあらかじめアポイントを入れて、短い時間で移動できるよう工夫しています。

営業では、ミーティングやパーティー、また日本からのお客様や、工業団地など他県にいらっしゃる方がバンコクに宿泊される際の、ホテルのご利用をお勧めしています。ノルマは結構厳しく、新規のお客様を開拓して、一か月に一五〇〜一五五部屋の予約を入れるのが目標です。大変なようですが、一度に四〇〜五〇室の予約をいただくこともあり、何とか毎月ノルマを達成している、といった感じです。

モンティエン・ホテルは、シーロムなどのビジネス街や、タニヤ、パッポンなどのナイトスポットが近くにあるせいか、この不況下でも予約状況は良く、日本人のお客様も多数ご利用くださっています。

ホテルに住んでいるため、休日も仕事になることが多く、時間も早朝から深夜までかかることもたびたびです。でも、やりたいことは寝ないでやる、という主義なので、夜遅くまで働き、そのまま同僚たちとディスコに行って、そのまま朝六時から働く、なんてことがざらにあります(笑)。

タイ人スタッフとは、仲良くしています。タイ人は、とても優しい人たちだと思います。ただ、彼らは相手の学歴や肩書き、給料の額などをとても気にします。私はまだ二三歳ですが、マネージャーの肩書きをもらっているため、同い年くらいの人が多いベルボーイやフロントなどと仲良くすると、相手はちょっと遠慮しながらつきあっているような雰囲気になります。逆に、仲良くしすぎて、仕事で注意しなければならない時に、注意できなくなってしまったりすることも…。でも、日本人よりもタイ人のほうがつきあいやすいですね。第一、日本人と一緒に遊んだりしたら、お金が続かないですし。私は道ばたの屋台で食事をしたり、タイ人が遊びに行くようなお店でも平気なんです。だから、今の厳しい労働条件でも結構楽しくて、「ずっと働いていけそうだな」という感触を持っています。

二年契約なので、とりあえず契約期間中はここに居て、その先はもしかしたら違う国へ行くかもしれません。ボランティア活動は、現在のところカンチャナブリー県の移動診療所の会計を担当するくらいですが、まだタイでの生活は始まったばかり。何もかもが、これからだと思っています。

タイのホテルに勤務する日本人の数は、都内で約四〇人あまり、またパタヤ、プーケットなど観光地のホテルでも多くの日本人が働いている。名の通ったホテルでは一人から、多いところで四人もの日本人スタッフを抱えているのが普通である。

ホテルは旅行代理店と並んで、タイに来たばかりの日本人にとって、就職しやすい業種の代表と言われている。英語ができれば、経験がなく、タイの事情を知らなくても、比較的就職しやすいという環境がある。ただし、マネージャークラスにな

業界事情

ホテル業界

■ 転職を繰り返しキャリアアップが可能 ■

ると、当然経験が問われてくる。

　仕事の内容のメインはセールス業務。外へ出て、各企業などを回って宿泊や会議、イベントなどの際にホテルを利用してもらうよう、営業をかけるのである。営業以外の業務では、日本人宿泊客の世話などがある。しかし、あくまでも営業が主務となる場合が多い。ホテルによっては完全にこれらの業務を分割して人を雇うこともあるが、そうしたホテルはごく少数である。

　労働条件は土曜日半日、日曜日が休み、あるいは週休二日だが、サービス業のため、宿泊客の都合で突然の残業や時間外労働を求められることも多い。給与は人によって、あるいはホテルによってまちまちだが、平均は月に約三万バーツ、一〜二年の契約を順次更新していく形をとる。

　就職のきっかけは、知人の紹介など、耳から入った情報を頼りにするケースが一般的。セールス、サービス業務というのは人間関係が難しいため、日本人従業員の出入りはかなり多いようだ。働く期間は、短い人で数か月だが、七年、八年と長期間勤務を続ける人もいる。

　ホテル業務は経験を積むことにより、やがては世界各地のホテルでも通用するキャリアとして認められるところがメリットかもしれない。タイにとどまらず、自分が気に入った国に住み、そこで働くことも十分可能なのである。こうした事情もあって、より良い条件の、より名の知られたホテルに転職を繰り返しながら、キャリアアップしていけるのである。

スチュワーデス

児玉知子 Tomoko Kodama

憧れの仕事に就いて充実した日々を送っています

一九七〇年五月一〇日生まれ　長野県出身
◎神田外語学院国際ガイド科卒　九五年九月来タイ
◎勤務先：バンコク・エアウェイズ（従業員約七〇〇人、うち日本人スチュワーデス五人、日本人セールスマネージャー一人）
◎肩書き：スチュワーデス
◎労働条件：週二回休、年間有給休暇二六日、住宅手当、乗務手当、日本語手当、健康保険、年に一度の健康診断
◎住まい：パヤタイ通りのアパート

▲写真左から二番目

私は小さい頃から英語が大好きだったので、仕事でも英語を使える環境にいたいと思い、成田空港のインフォメーション・カウンターで働いていました。もちろんその頃から、英語を使う仕事の中でも花形の、スチュワーデスに対する憧れもずっと抱き続けていました。

当時は、イギリスやヨーロッパにひかれていて、アジアにはあまり関心がありませんでしたが、偶然にも何人かの友人がアジア、特にタイに興味を持ち始め、彼らの話を聞いたり、タイへ旅行した時の写真を見せてもらったりしているうちに、いつの間にか私もタイのエキゾチックな雰囲気がとても好きになっていました。

そんなおり、『百万人の英語』という雑誌の、外国人との文通コーナーに、タイ人の女の子の名前があることを発見。さっそく彼女と文通することにしました。手紙でお互いの国の特徴や、毎日の生活がどんな風なのかを紹介し合っていくうちに、タイという国のイメージがどんどん膨らんでいき、日本でタイ語やタイ舞踊まで習い始めていました。でも、この頃はまだ一度もタイへ行ったことがなかったんですよ。自分の中で、タイの良いイメージが完成していたので、実際にタイへ行って、もしそのイメージが崩れたらどうしようと思い、かえって足が遠のいていたんです。

その代わりに、タイという国とスチュワーデスへの憧れがひとつになって、ぜひタイの航空会社で働きたいと思うようになっていました。折良く、日本でバンコクベースの航空会社から求人がかかり、私も応募したのですが、残念ながら結果は不採用。やはり、航空会社勤務は競争率が高いようで、この時も数千人の応募の中から数十名のみが採用されたと聞いています。

それでも、タイの航空会社に就職したいという気持ちは高まるばかり。それで考えついたのが、タイに渡ってタイ語をマスターすれば、就職に有利になるのではないか、ということでした。文通相手に相談してみたところ、彼女の家にホームステイしてもいいという話になり、両親を何とか説得して九五年にタイへやって来ました。

ホームステイ先のタイ人家庭は、友人のご両親と彼女の兄弟が六人の計九人暮らし。私を含めて一〇人です。急にタイ人の大家族の中に入っていったので、生活習慣の違いにかなりびっくりしました。たとえば、そこの家庭はホットシャワーがなく、甕に溜めた水をくんで浴びるという昔ながらのスタイルでしたので、寒い時期は結構辛かった。それと、買い物をすれば「何を買ったの？　いくら？」、美容院へ行けば「どこで切ったの？　いくら？」などと、何から何まで質問責めで、たまに「放っておいて」と思ったこともありました。でも、何か月か一緒に住んでいるうちに、そういった事にも慣れ、家族みんなと仲良く暮らしていました。現在は、アパートで一人暮らしをしていますが、今でもこのホームステイ先の家族とは、日本の家族と共に、家族ぐるみのおつきあいをしています。

できたらタイで働きたいと思っていた私は、タイの英字紙『バンコク・ポスト』の求人欄をチェックするのが日課でした。ここなら、英語ができる日本人スタッフの求人がかかるかも知れないと思ったのです。思った通り、来タイ四か月ほどしてから、デューティーフリー・ショップから求人が出ているのを見つけて応募し、タイ語学校に通いながら午後一時から夜八時頃まで働くことになりました。

ここでは、日本人のお客さんへの通訳や商品の説明などが主な業務です。日本人スタッフは、多い時で五人いました。週に一度のお休みがあり、お給料は三万バーツ。

学校を修了してフルで入るようになってからは、週二日休みで、月三万五〇〇〇バーツいただいていました。日本人のお客様の数が多かったので忙しく、それなりにやりがいのある仕事でしたが、英語を使う機会がほとんどなかったので、二年ほど働くうちに、タイ語だけでなく英語を使える仕事に転職できたらいいな、と思うようになりました。

そんな九七年の春、タイの友人から「バンコク・エアウェイズで、日本人スチュワーデスを募集しているよ」という話を聞いたのです。彼女は求人広告を『バンコク・ポスト』で見かけたそうで、すぐに電話して応募しました。

面接は、面接官五人に対し私一人の個人面接で、英語とタイ語を交えて質問に答えました。ペーパーテストはなかったのですが、「歩いてみて下さい」、「腕を上げてみて下さい」と言われ、背の高さや動作のチェックも受けました。二次面接は、六、七人のグループ面接で、お互いに自己紹介をし合った後に、シュミレーション・テストが行われました。これは、ある課題についてみんなで話し合って決めていくというもので、その時は「新しい化粧品の会社を設立したと仮定し、そのプロモーション方法を話し合って決めて下さい」と言われ、面接官の前で英語を使ってみなで話し合い、決まったことをそのグループの代表が発表しました。この求人で二〇人が採用となり、そのうち日本人は私を含めて二人。日本人スチュワーデスの第一期生となりました。

バンコク・エアウェイズは国内線が主ですが、ラオス、カンボジア、シンガポール各国の国際線も就航しています。シフトを決めて、各線を一日一、二往復するのがスチュワーデスの日課です。フライト時間は最短のスコータイ——チェンマイ間で三〇分、最長でシンガポールの二時間二〇分。労働条件は、給料の他に住宅手当、乗務手当、日本語がネイティブであることに対する言葉の手当がつき、一日六〇〇バーツまでの健康保険と年に一度の健康診断があります。

制服は南国をイメージしたもので、空の色のブルーも配色しています。お客様からは「カラフルでいいですね」とよく誉めていただきます。この制服を初めて身につけた時は、本当に嬉しかったですね。でも、乗務して最初の頃は、揺れている飛行機の中で立っているのが結構難しく、なかなか優雅に機内を動くというわけにはいかなくて、ちょっと恥ずかしい思いもしました。

出勤時間はフライト時間に合わせるのでバラバラですが、フライトの一時間前までに集合することになっています。オペレーション・ルームに出勤の報告をして、乗務するスチュワーデスが集まるブリーフィング・ルームで、その日乗務する機種、キャプテン、副操縦士、予約人数を確認し、フライトによって異なるサービスや、菜食などスペシャルメニューがあるかどうかをチェック。さらに緊急事態を設定したシュミレーションを行います。サービスも大切ですが、何よりもお客様の安全確保が、私たちに与えられた最も重要な任務なのです。

スチュワーデスをして良かったと思うことは、いろいろな国の方とふれ合うことができる点でしょうか。多分、イギリスの方だと思うのですが、西洋の女性が飛行機を降りる際、「あなたの乗務した飛行機に乗れて良かったわ」と言って下さったことがありました。また、日本の女性に「一緒に写真を撮らせてもらっていいですか」と声をかけていただいた時も、とても嬉しかったです。日本のお客様には日本語で「ありがとうございました」と言うのですが、その時にタイの挨拶であるワーイ(合掌)をすることにしています。手を重ね合わせる仕草を「やっぱりタイの挨拶はいいね」とニコニコしながら言って下さる方も多く、お客様とそんな風に接することができた時には、とても仕事のやりがいを感じます。

タイ人と仕事をしていて、ちょっと気になるのは大ざっぱなところですが、国籍よりも最終的には個人ですから、彼らと一緒に仕事をしていて不満に感じる点は特にありません。タイ男性に関しても同じで、一般的にとても優しいとか、細かい気配りをしてもらえるという傾向はあると思いますが、やはり最後は個人の性格。もし結婚するとしたら、国籍は問いませんから、甘えられる、年上の頼もしい人がいいと思っています。

日本人なので、最後は日本に帰りたいと思っています。でも、自分で納得するまではタイに残り、ずっとこの仕事を続けていきたい。二、三年後には結婚もしたいし、他の国へ行ってみたいという気持ちもあります。

スチュワーデスは体が資本ですから、やはり健康第一。エアラインによっては、一六〇センチ以上の身長や視力の良さを問われる場合もあります。もちろん、英語力やサービス精神も大切です。ローカルの日本人スタッフを採用するのは、今のところバンコク・エアウェイズのみで、スチュワーデスだけでなく、地上勤務の日本人を採用する場合もあります。日本人のお客様の割合によって、その年の採用人数に若干変化があるようで、私がスチュワーデスになれたのも、タイという国が持つ魅力と、当機をご利用いただく日本人のお客様のおかげだと、とても感謝しています。

日本料理板前
浜田信人

Nobuto Hamada

海外では、しっかりした技術がないと通用しません

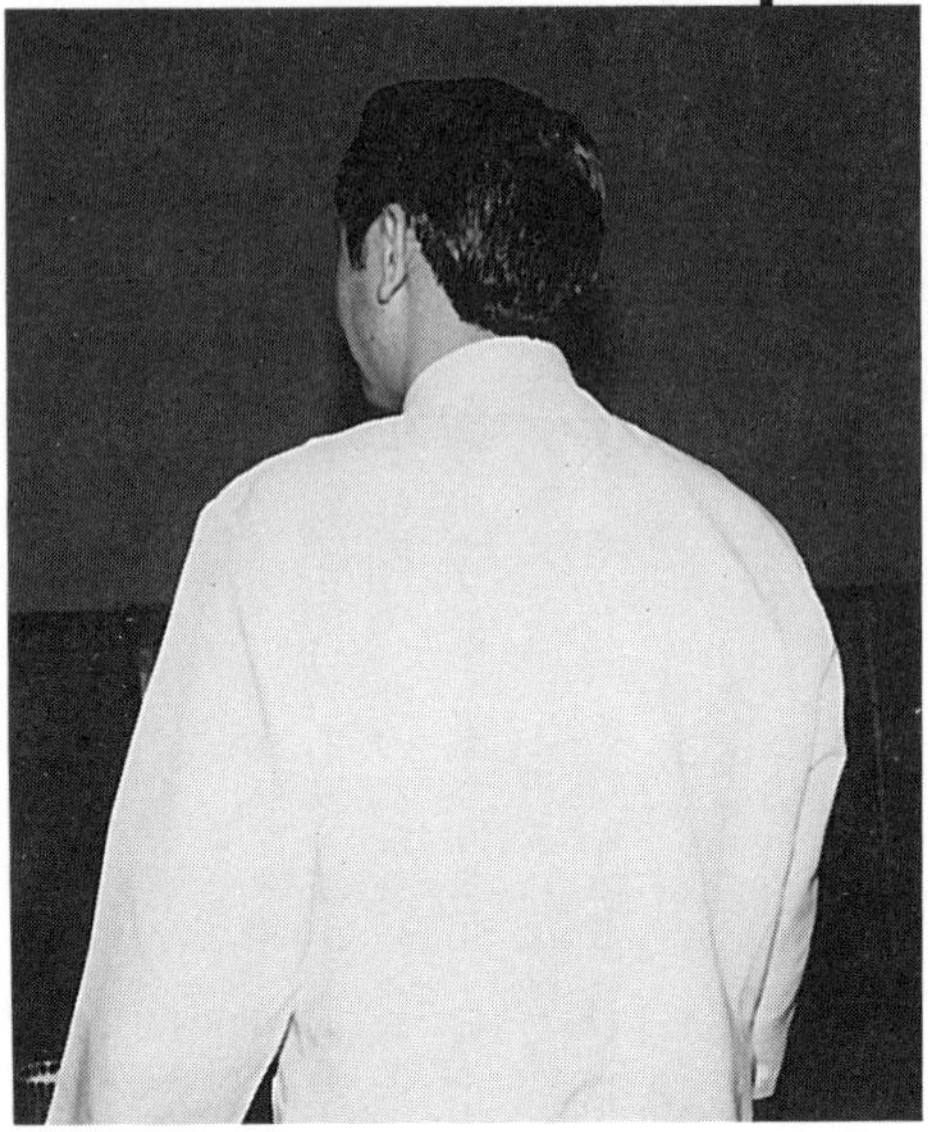

一九五四年八月一日生まれ、東北地方出身
◎東北地方の普通高校卒　八六年来タイ
◎勤務先：日本料理店（スクムビット通り、タイ人従業員一六人、日本人二人）
◎肩書き：料理長
◎労働条件：月六万バーツ、週休一日
◎住まい：スクムビット通りのアパート

東北地方の裕福とはいえないところで生まれ、お世辞にも恵まれているとはいえない環境で育った私は、学業はそこそこ、高校を出るとすぐに板前を目指し、東京のとある懐石料理店の親方について修行を始めました。現在の板前の世界は、新世代の台頭で少しずつ変わりつつありますが、元々は昔ながらの徒弟制度が根底にある社会。先輩は絶対的な存在で、口答えなどは当然できません。自分が師事した親方が料理屋のオーナーとそ

りが合わなくなれば、親方と行動を共にして店をやめ、親方が弟子たちをそのまま引き連れて別の料理屋に世話になる、そんなことも日常茶飯事でした。

一八歳で弟子入りした最初は、まともに包丁すら握らせてもらえませんでしたが、六、七年修行をすると、魚の薄造りができるくらいの腕はついてきました。最近はこの薄造りもできない料理人が増えていますが、これははっきり言って料理人としては失格。タイで働く日本の料理人は多いですが、こうした技術を習得していない人もいて、あまり感心はできません。特に若い世代の人たちは技術力が低く、恥ずかしい限りです。しかし、タイへやってきたら、日本の料理人は教える側に必ず立ちますから、技術のない板前はまったく通用しません。それこそ、日本人親方の下で修行したタイのベテラン料理人の方が、はるかに板前として成熟していたりするわけで、そうなると逆に日本人がナメられる結果になってしまいます。事実、とあるホテルの日本料理店では、タイ人の板前の方が実力があり、立場が上のはずの日本人料理長の言うことを聞かないため、日本人板前がコロコロ変わる店もあると聞いています。

もし、タイに行って働きたいと考えている日本の板前がいらっしゃるようでしたら、「タイで日本料理の修業をあらためてすることはできない」ということを心しておいてもらいたいですね。こちらに来てから修行をするつもりではまったく務まらないので、日本でしっかりと技術を身につけてから海外に出て来るべきだと思います。

私の場合は、薄造りができるようになってからさらに八年、日本で通算一四年間板前修行をし、最後には料理長として働いていました。その時、同じ店でアルバイトしていた女性と結婚することになり、所帯を構えました。たまたま、妻の親戚がタイに駐在員として赴任していたので、彼らへの挨拶を兼ね、新婚旅行のつもりでタイを旅行しました。来てみると、タイは住みやすそうで、結構よさそうなところです。それで、親戚の方にお会いした時「こちらに板前の仕事でもあったら来てみたい」という話を冗談半分でしたんです。本当に軽い気持ちだったのですが、日本に帰国すると間もなく、その親戚の方から「あるホテルの日本料理屋の料理長に欠員が出たが、来てみるか」という連絡が入りました。それで急に、タイ行きが現実の話となり、妻と共に日本を出てタイで働くことになったのです。

タイで板前をしてすでに一〇年以上が経過していますが、あまりタイ語は上達していません。料理は言葉を使わなくとも、実技を披露することでタイ人とコミュニケーションが取れるからです。これは日本でも同様で、先輩の包丁さばきを見て、そこから技術を吸収していたわけです。タイに来てからは、まずタイ人板前の前で一、二回私が料理を作ってみせ、こんな風にやるんだということを彼らに示し、その方法が複雑な場合はノートを取らせます。その後、実際に彼らに作らせてトレーニングを重ねていきます。

すべてが実力の世界で、個々の力量がすぐできあがった料理に表れますので、板前としての力がない者には、当然タイ人もついてきません。また、長期間店に勤めるタイ人のベテラン料理人を使う時は、前任者と比較されますし、「オレにはオレのやり方があるんだ」と、タイ人の料理人が主張することもたびたびで、神経を使います。タイの板前社会も、日本と同じく上下関係がはっきりしており、信頼を寄せた上の者についてきますから、実力をもって彼らを管理できるか、またそれを維持できるかどうかが、日本人板前がタイで働く上でのポイントになってきます。

いかにもタイらしいな、という問題の一つに、備品や食材がよくなくなるということがあります。ホテルが経営する料理店では警備会社が材料の管理をしているので、こうした問題は起こりにくいのですが、街の料理屋ではしょっちゅう起こっています。たとえば、イカが入荷してきても、ゲソがついていなかった。どうしたのかと思っていると、料理屋の目の前の屋台で、タイ人チーフの奥さんがゲソを焼いて売っていた、なんてこともあるほどです。もし、働くことになった店で、すでにこうした行為がまかり通っていたとしたら、最初から問題を抱えることになってしまいます。それに気づいてタイ人たちに厳しく指摘しても、「新しい板前が来てやりにくくなった」と逆に総スカンを食ってしまう、というケースもあり、このあたりの解決には皆さん苦労されているようです。

外国で働く日本の料理人は、数字にもセンスが必要です。日本料理ですから、海外では素材の選定が難しくなります。タイで生産されていないものや、タイにいない魚などの素材は、運び屋といわれる業者などを通して仕入れますが、その時、コスト計算をしながら調達しなければなりません。コストがかかりすぎるものは、タイの素材で代用することを考えます。素材を慎重に選び、味のうるさい方にも納得して食べていただけるよう調理をし、適当な値段を設定していくわけで、ある程度の創意工夫が必要となります。最近はタイで日本料理の素材や調味料が生産されるようになり、以前よりも安いものが手に入るようになりました。来た当時と較べても環境が良くなりましたね。しかし、四季のないタイですから、日本料理で大切な季節感を料理に出すことが難しいことには変わりなく、その辺が日本人板前の大きな課題となります。

現在は、タイ人の所得が向上し、日本料理を食べられる階層も増えています。最近は、タイ人だけのグループが日本料理屋で会食する光景をよく目にするようになり、需要が増えたことで、タイ人が日本人なしで日本料理屋をオープンするようになりました。そうした店には日本人の料理人は必要ないものの、日本人のお客様をターゲットとした日本料理屋では、やはり必要とされています。ただ、最近は日本の若者がたくさんタイに住むようになり、中には板前としての技術を持った人もいるので、簡単に仕事を見つけられる時代ではなくなってきました。やはりすべては、その人の持つ腕次第。海外だから中途半端な腕前でも大丈夫、という考え方では決して通用しないと思います。

現在、タイには日本料理店が数多くあり、シンガポールをもしのいで、店舗数では東南アジアナンバー1である。一流のホテルや日本人が多く滞在するホテルには、日本料理店が入っているところが多く、バンコクの主要ショッピングセンターにも

業界事情

料理人

■ キャリアと腕が全ての厳しい世界 ■

必ず日本料理店が入っている。それに比例して日本人の料理人の需要も増えているというわけだ。

オーナーが日本人の場合もあるが、タイのローカルという場合も相当数ある。特に近年は日本料理がタイの人々の間にも浸透してきたことから、タイ人が日本料理店をオープンさせる機会が増えてきた。それだけに、コミュニケーションの取り方がかなり重要になってくることも多い。日本料理店が増えたということはタイ人の日本料理人も増えているわけで、店によってはベテランのタイ人料理人を抱えているところも多くなってきた。そうでなくともプライドが高いタイの人にあって、ベテランの職人であるだけに接し方が非常に難しく、衝突するという話もよく聞く。料理の腕は勿論のこと、マネージメント能力も大いに問題となってくる。

日本料理店が増え、日本料理が定着してきたため、それにともなって日本食の食材もかなりタイで生産されるようになってきた。しかし、まだまだ値段が高いので、代用食材を使うなど、料理のセンスも問われることになる。また、定着してきたことにより、料理屋の味のレベルも年々向上しているので、中途半端な技術では通用しなくなってきた。

給料も人や店によってかなり開きがあり、一様ではない。求職は日本語のフリーペーパーや英字新聞などの求人欄を探す以外に、人からの紹介などコネクションも大事になってくる。ステップアップするには、やはりキャリアと腕が全てで、実力がものをいう世界である。

日系デパート勤務
伊藤実加世
Mikayo Ito

タイでの私はずっとラッキーでした

一九七一年一月二〇日生まれ　大阪市出身
◎関西大学法学部卒　九五年六月来タイ
◎勤務先：そごうデパートタイ支店（プルンチット通り、日本人駐在員三名、日本人現地採用二人、タイ人スタッフ約三〇〇人）
◎肩書き：カスタマー・サービス、日本人広報、ステーショナリー売場担当
◎労働条件：月四万バーツ、月六日休、駐在員保険適用
◎住まい：プラトゥーナム近くのアパート

私は父親を早くに亡くしたので、母と二人の姉と女ばかり四人で子供時代を過ごしてきました。幼い時に父を失った経験から、「好きな人と結婚できたとしても、いつどうなるか分からないんだ。離婚したり、死別することだってある。どうなるのか分からないのなら、男性に頼らずに仕事を続けたい。続けられるだけの技術を身につけよう」と思い続けていました。だって、手に職もなく、仕事のキャリアも少ない主婦が、ある日突然働か

ざるをえなくなったら、きっと途方に暮れてしまうでしょうから…。それで、大学時代は国税専門官という国家公務員になるために、筆記試験を受けて合格しました。

ところが、その年に限って、女性は採用しないという方針に変わったために、面接で落とされてしまったんです。国税専門官は採用後に何年にもわたって研修を受けるため、一人前になる頃には、女性は適齢期になって辞めてしまうケースがほとんどだそうで、それならば女性を採用するのは極力控えよう、ということになったらしいんですね。

採用されるものとばかり思っていたので落胆は大きく、知人の紹介で建設会社に就職したものの、ここでは一生続けられる技術は身につかないと、とても焦りを感じていました。

そこで思いついたのが、どこか外国へ出てみること。緊急時にすぐ帰国できるよう、日本となるべく近い国がいいと思い、香港かベトナム、タイのいずれかの国に絞りました。あとは消去法で、香港は九七年に返還があり、先行きが読めなかったのでパス。ベトナムも、日本人が生活するだけの基盤が整っていなかったのでやめることにしました。

タイは、日本人が不自由なく生活できるだけの基盤が十分にあります。外国で長く生活を続けていれば、日本食も食べたくなるし、日本人と話もしたくなるし、ショッピングも楽しみたくなる。「生活の場」という観点から見れば、バンコクはとても住み心地の良い場所。大学時代に何度も旅行に来て、そのことを知っていましたから、タイにしよう、と思ったんです。

最初はタイ語を覚える必要があったので、バンコクにあるソーソートー(泰日経済技術振興協会)のタイ語コースに入り、四か月ほど勉強しました。私は人見知りしない性格で、すぐにタイ人の友達が増えていったので、それ以上学校に行かなくても自然にタイ語が上達していきました。

その後半年ほどは、旅行をしたりしてのんびりと過ごし、来タイ一年たった頃に現地の日本語フリーペーパーの求人欄を見て、日本語教師として働き始めました。

タイ人の生徒たちとは仲良くやっていたものの、時間給でぽつりぽつりと仕事が入るアルバイト的なものではすぐに飽き足らなくなり、友人の紹介でOCS(日本の新聞、雑誌などを配送する日系企業)に営業として就職することにしました。

タイのOCSは朝日新聞と日経新聞を配送しており、私は各新聞の衛星版に掲載する広告と、新聞への折り込みチラシやホテルや旅行代理店などでよく作成する、日本語のパンフレットなどの印刷物に関する営業をしていました。営業は、他の日本語媒体に広告を掲載している会社や、ホテルなど日本語の印刷物を必要としていそうなところへ、直接電話したり、ファックスを送るなどの方法で行いました。

広告の営業という仕事に充実感が持てなかった私は、一〇か月ほどで転職することにして、今までお世話になったお客様のところへ挨拶に回りました。その中に、タイ人の女性医師が経営するデンタルクリニックがあったのですが、その先生が私のタイ語能力を評価してくださり、日本人患者の通訳として採用してくれることになりました。

ところが、三か月ほどして歯科に必要な専門用語も覚え、これからだという時期に、タイが変動相場制となり一挙に経済が悪化しました。そのせいで二か所あったクリニックを一か所に縮小することになってしまい、仕事を辞めざるを得ない状況になってしまったんです。私は入ってまだ日が浅いため、長く勤務している子たちを残すのが筋だと思い、自分から辞めることにしました。

それからは、次の就職先を見つけるために、日系の人材派遣会社五、六社に登録して、電話が来るのを待つ日々を送りました。この頃が一番辛い時期で、不況のために自分が納得できる条件の会社がなかなか見つかりませんでした。給料の良いところは、だいたい他県にある工場でしたし、事務職よりも営業職のほうが圧倒的に多かった。私は特に職種に希望はありませんでしたが、得意のタイ語が生かせる仕事でなければ、納得できなかったんです。

そんなある日、母校の関西大学の同窓会がバンコクで開かれるということを知り、何気なく参加しました。そして、その会のメンバーの一人の方に「失業中で仕事を探している」と話したところ、「そごうの店長もこの会のメンバーなんだ。人を募集しているかどうかは知らないけど、電話してみたら」と言われたんです。

募集しているかどうか分からないということなので、半分聞き流していたのですが、偶然にも同窓会の翌日、友人の一人から「そごうで人を募集している」という話を聞いたんです。友人の同僚がそごうに面接に行ったものの、一、二年ほどしか働けない旨を話すと、「長く勤務してくれる人を募集している」と言われ、不採用になったとのこと。そこで、早速そごうに電話をしてみたところ、すぐに面接を受けられることになりました。

面接の時に、何度も何度も繰り返し聞かれたことは、友人から聞いていた通り「長期間働けるかどうか」ということでした。私が「長く続けていきたい」という意志をはっきり伝えたところ、二度目の面接で内定を受け、日本の本社の了承を経て、九八年四月からの勤務が決定しました。一時帰国して日本でビザ申請と労働許可証に必要な書類を揃え、再びタイへ戻り、新しい生活がスタートしました。

そごうデパートは、日本人は駐在員しかいなかったのですが、不況対策のため、一時は八人いた駐在員を少しずつ減らしてゆき、その代わりに私のような現地採用の日本人を採用することになったようです。条件はとても良く、特に駐在員保険が私にも適用され、年に二回健康診断も受けられることが、とても大きなメリットだと思います。

私のそごうでの担当は、お客様の応対、日本人広報とステーショナリー売場です。

お客様への応対は、苦情処理が中心。たとえば、日本のデパートのガラス製品はすべて保険がかかっていて、お客様が過って壊したとしても、弁償する必要はありません。しかし、いくら日系でも、外国にあるデパートのほとんどは、壊した本人が弁償することになっているのです。ところが、日本人、特に日本人観光客の方々は、自分が壊しても弁償しようとはせず、「日本的解決を望みたい」などと言う方が多く、結局はその売場担当の女の子が自腹を切るケースがあります。こうした日本とタイの常識の違いから起こるトラブルなどを解決するのが、私の役割のひとつになっています。

広報は、日本人媒体へセールなどのPRをする際の、各出版社への連絡など。ステーショナリー売場では、商品、在庫管理、プロモーションや売場のレイアウトを変える際の企画からの参加を受け持っています。

タイで働く素晴らしさは、自分の能力以上の仕事を任されることではないでしょうか。もちろんとても大変なんですが、日本だったら絶対にタッチできないようなおもしろい仕事ができる。たとえば、どの商品を店に置くか、どのようにレイアウトを整えるかなどは、自分のセンスを試す良いチャンス。たまに、「こんなことまで、任せてもらっていいのかな」と思うほど、責任ある仕事を任されています。

　また、組織が大きく、社員が多いので、友達もたくさんできます。今つきあっているボーイフレンドも、社内恋愛なんです。彼は育ちが良くて、とても優しくて、朝晩車で送り迎えしてくれるほど。タイ人の男性は恋人にとてもマメで優しいところが、魅力のひとつだと思います。

　タイでは、騙されたりトラブルに巻き込まれたりする日本人がいっぱいいます。でも、私は一度も怖い思いをしたことがありませんし、周囲にいるのはいい人ばかり。そういう意味で、私はとてもラッキーだったと思います。今後もタイに居続けて、結婚しても仕事を続けていきたい。将来は、今の経験を生かして、自分の気に入った商品を販売するお店を持てたらいいな、と思っています。

取材コーディネーター

高橋修子

Shuko Takahashi

これからもタイにずっといたいと考えています

一九六七年七月一〇日生まれ　関東地方出身
◎都内の私立大学卒　九〇年来タイ
◎勤務先：テレビ取材などのコーディネート会社（タイ人従業員六人、日本人三人）
◎肩書き：コーディネーター
◎労働条件：月四万五〇〇〇バーツ、基本的には週休二日だが不定期で完全休日は少ない
◎住まい：スクムビット通りのアパート

私のタイとの出会いは高校時代にさかのぼります。社会科の先生がアジアに関心が高い方で、授業ではアジアと日本の関係が多く取り上げられていました。その先生から勧められて読んでみた本が伊藤章治さんの『現地報告　タイ最底辺――ほんの昨日の日本』（頸草書房）でした。この本は、日本とタイ社会の関係や、タイの最底辺でうごめく人々のルポで、読んで大きな衝撃を受けました。もともと欧米に興味があり、当時はまったくとい

ってもいいほどアジアに関心がなかった私でしたが、これをきっかけに東南アジアへと興味が移り、大学に入ってからはアジア関連の勉強会にも顔を出すようになっていました。そんな中、タイをテーマにした学習会に参加していたのですが、この会の有志でタイの現状を見に行こうという小さなスタディー・ツアーに参加したことが、タイの地を踏んだ最初となりました。

タイのスラムなどの生活を目の当たりにしてショックを受けましたが、そこに暮らす人々の力強さや人間性に触れ、タイに魅力を感じるようになりました。大学の休み中には必ずタイを訪れ、地方にも足を運んでみましたが、主な滞在地はバンコクのスラム周辺でした。知り合いのタイ人の家に下宿して、タイに溶け込んだ生活を満喫し、近所の人々とも仲良くなって、友達も増えていきました。たまたまイサーン（タイ東北地方）出身の人と多く知り合いになり、彼らの人なつっこさや友情に触れたことで、イサーンに大きな関心を持つようになっていきました。

今となっては恥ずかしいのですが、この頃は研究者になりたいと思っていましたので、イサーンを研究材料としても眺めており、大学を卒業したらタイに行く決心を固めていました。でも、私は女ですし、両親は堅い職業に就いていましたから、タイ行きには大反対でした。もともと両親とは何かにつけて衝突していましたから、そんな事態になることはあらかじめ想像がついていました。そこで在学中、家庭教師などに打ち込み、その他にもアルバイトをかけもちして、タイに行く資金をプール。結局、両親との話し合いは予想通り決裂してしまいましたが、大学が終わるとすぐ、自己資金およそ一〇〇万円を持ってタイに一人でやって来ました。でも、まだ若かったこともあり、あまり真剣に将来のことについて考えていなかったのが本当のところです。

最初は友人宅に部屋を分けてもらい、タイ語の勉強に集中しました。友人宅を出てからも、親の経済的な援助は受けたくなかったので、翻訳や家庭教師などをして生計を立てていました。家庭教師はタイに派遣された日本人駐在員の子供たちが対象でしたが、日本でも家庭教師のアルバイトをしていましたので問題はありませんでした。口コミで生徒数も増え、贅沢な暮らしをしない限りはやっていけるくらいの収入になりました。当時はタイがもっとも景気の良い時期で、日本もバブル期でしたので、駐在員も多く、家庭教師の口は多かったのです。一時間五〇〇～六〇〇バーツの時給で働いていました。

ある日、日本の友人のピンチヒッターとして、テレビ取材の通訳の仕事の依頼が入りました。日本のロケ隊に同行して通訳をする仕事でしたが、これが縁でその仕事を受けた会社から、たびたび仕事が入ってくるようになり、そのまま同じコーディネート会社に就職して現在に至っています。

コーディネートは、通訳の仕事も大切ですが、何よりも日本から来る撮影スタッフが円滑に事を進められるように根回しするのが、最大の役目です。現地スタッフに指示を与えることはもちろん、タイ人の役者を集める時もあれば、時には通りがかりの人々に声をかけて手伝ってもらうこともあります。現地の人々と日本人のクルーとの間に入って仲介役をするわけですから、双方の板ばさみになることもあります。実際、タイ人スタッフと日本からきた撮影クルーの打ち合わせ時には、緊張する場面が多々起こります。お互いの言葉をそのまま伝えたら、互いの感情を害することも考えられるので、直訳を避けたり、わざと訳さなかったり、いろいろ気を使うことが多くなり、かなり心労がかさみます。もっとも、私の場合はタイの有能なスタッフたちが側にいてくれましたので、彼らが私の心境を察して助けてくれています。ここまで仕事をしてこられたのも、彼らの協力がなくしてはあり得なかったと思っています。

しかし、時に日本からやって来る人々の中には、タイ人を見下している人もいます。「こいつらはどうせタイ人だから」、そういう態度を露骨にとる人や、日本式のやり方を頭ごなしに強要する人、最初からタイ人とはやる気がないクルーなどと仕事する時は、とても不愉快になります。この仕事をしてもう六年になりますが、タイ人スタッフが日本人スタッフに劣るようなことは決してありません。能力や技術力を較べればさほどの違いはありませんし、タイ人の仕事に取り組む姿勢はとても真摯で、時に日本から来たスタッフが驚くことがあるほどです。私は日本とタイの文化的な違いなどを尺度にして、タイ人を評価するのには賛成できません。こういった日本人側の驕りのような態度は何もこの業界に限ったことではなく、全てのことに当てはまると思いますが、どうでしょうか。もちろん、このような日本人ばかりではなく、タイの人々と打ち解けながら仕事をする方もいらっしゃいます。そんな方とは仕事も順調に進み、充実した時を過ごすことができます。

コーディネートの仕事はテレビCFやドキュメント、報道番組などが主流です。それだけに撮影が終了すれば、一つの仕事が完結するわけで、一回一回区切りがあって、達成感があります。毎回違う日本人スタッフ、タイ人スタッフ、いろいろな人たちと仕事ができるわけで、これがこの仕事の面白さの一つであると思います。新しい出会いによって得ることも多いですし、自分の財産にもなります。そして何より、いろいろな人々と共同で行う仕事が楽しいということが、私にとっては大きな魅力です。

私はとりわけ将来どうしたいというような希望はないので、おそらくこのままタイにいることになるだろうと思います。これまでにタイの尊敬する人や多くの友人たちと知り合えましたし、積み上げてきたものも多くなりましたので、タイにずっといたいと考えています。

業界事情

コーディネーター

■ 語学力と体力は不可欠、総合的な力量が問われる業界 ■

コーディネーターといっても、その業務内容を一口で言い表すのは難しい。たとえば、テレビや映画撮影のために下準備をしたり、関係機関へのネゴや許可を取り付けることを行う場合や、旅行やスタディー・ツアーなどのコーディネーター、出版関連のコーディネーターなど、実に様々である。ここではテレビ番組、CFや映画撮影に関わるコーディネーターの業界事情を見てみたい。

現在、日本のテレビではタイを特集した番組や、タイを背景にしたCFがかなり流れている。ちょっと見ただけではタイとは分からないようなCFや、他の国の設定となっているが実はタイで撮影しているものなど様々な映像が撮られ、日本で使用されている。

というのも、タイで撮影する方が日本で撮影するよりもコストを抑えられることが多く、危険なシーンや軍隊などの出演シーンなどの許可が、他国より容易に許可されるためで、日本のみならず世界中のテレビ・映画関係者からタイは注目されている。そのため、これらの製作に関わっているコーディネーターが非常に多く、日本人が経営しているコーディネート会社も一〇社ほどあり、ここで活躍する日本人は数十人にのぼる。

コーディネーターの仕事で重要となってくるのは、日本とタイの間に入るジョイント役である。日本から受注した仕事をその会社で行うことも多いが、大がかりな場合は現地の製作会社を使うことになる。そのネゴや製作準備がコーディネーターの仕事で、現地スタッフと、日本から来た日本の製作スタッフとの間に入って調整を行うことになる。そのため、時には通訳をしなければならないこともあり、両者の意見や仕事のやり方の相違から生ずるトラブルの狭間で辛い思いをすることが多い。

語学力は絶対的に必要となる。さらに、ある程度、現地社会のことを理解していないとうまく立ち回れないため、在タイ歴の浅い人にはなかなか務まる仕事ではない。

撮影に際して、ロケ地を決めるロケハンもコーディネーターが行う。日本のスタッフが来た時にすぐ撮影に入れるよう準備を整えておくためで、撮影隊の要望にふさわしいロケ地の情報に強いことも要求される。

現地の役者やエキストラの選定なども仕事となる。さらに、日本サイドからの要求を役者やローカルスタッフに指示するのも重要な仕事だ。広範囲な仕事内容であり、しかも体力的にもかなりハードだ。

給料は、当然その人の能力次第ということになる。雑用だけの駆け出しのコーディネーターから、全てを取り仕切るプロデューサーのようなコーディネーターまで様々であり、それに応じて給与も取り決められている。

クラブのママ
山崎つかさ
唯一のタイ在住ニューハーフ
Tsukasa Yamazaki

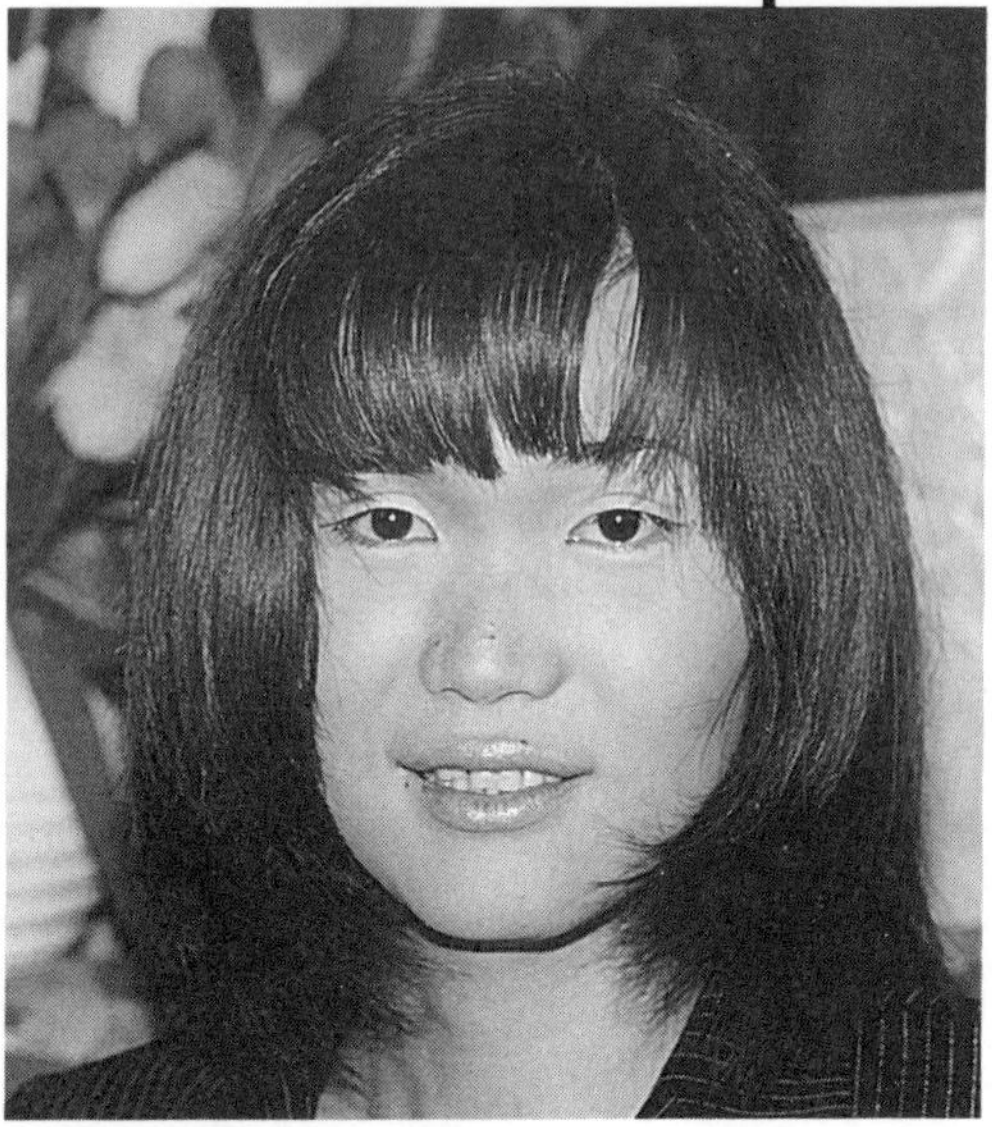

一九七五年九月二七日生まれ　熊本県出身
◎日本大学卒　九八年四月来タイ
◎勤務先：クラブ・ダンヒル（タニヤ通り、スタッフ三〇人、うち日本人は彼女一人）
◎肩書き：ママ兼マネージャー
◎労働条件：一日（午後八時～午前一時まで）一〇〇〇バーツ、土日休日
◎住まい：南サートン通りのアパート

私が性転換手術を受けてニューハーフになったのは、一九歳の時です。当時は大学に通いながら歌舞伎町のゲイバーでアルバイトをし、またテレビ出演などのタレント活動も行っていました。ゲイバーで働くのは楽しかったですよ。おしゃべりするのも騒ぐのも、お笑い関係も大好きだから、わっと騒いでお客さんを笑わせて。水商売は、自分の性に合っていると思います。

お客さん相手の商売は楽しいものの、私たちニユーハーフは、批難されたり、笑い者になったり、見せ物扱いされがちです。日本という土壌では、のびのびと自由に振る舞うことが難しいし、仕事も限定されてしまいます。でも、ここタイにはニューハーフの人たちが大勢いて、いろいろな仕事に就いているし、私自身何回遊びに来ても周囲から特別な目で見られることもありませんでした。だから、いい所だなあ、住んでみたいなあ、と思ったんです。

タイにはほとんどツテはありませんでしたが、とりあえず来タイして二日間だけホテル住まいをし、その後はプーケットに住んでいる日本人の知り合いに紹介してもらったアパートへ、すぐに引っ越すことにしました。

まずはタイ語を習う必要があると思い、学校は自分で探して通い始め、少しずつタイでの生活に馴染んでいきました。そうして二か月ほどして、ある日本人の知り合いから、クラブ・ダンヒルを紹介してもらったんです。夜の仕事なので、昼間タイ語学校に行きながら働けるな、と思い、最初はアルバイト感覚で週に二、三日通うことにしました。

でも、最初の頃はお店に顔を出すのがとても怖かったんです。言葉が通じなかったせいか、タイ人の女の子たち全員が、私をにらんでいるように見えて…。彼女らが私に話しかけてくれたのは、店に四回ほど通ってからのことでした。

それからは、タイ語・日本語・英語を交えながら彼女たちとだんだん話をするようになり、四か月ぐらいたって、ようやく一緒に外に食事に行ったりできる仲になりました。

ダンヒルのオーナーはタイ人ですが、日本に留学していた経験があって、日本語はペラペラ。親日派ですし、とても信頼できる人です。だから、お店も健全かつ安全な場所なんですよ。女の子がお客様の隣に座ってお話ししたり、一緒にカラオケを歌ったりできて、料金も良心的な設定。お客様は、日本人駐在員の方がほとんどですが、観光客の方もたまにいらっしゃいます。今ではすっかり有名人になってしまい、お客様のほとんどは私を指名してくださるようになりました。

店にいる時の格好は、ドレスの時もあるけれど、自前のスーツ姿が多いですね。前にテレビドラマでやっていた、「お水の花道」そのままの姿です。でも、最近は女優の高島礼子さんにとても憧れているので、彼女の雰囲気に近いものが出せたらなと思い、パンツスーツで決めています。だから、お客さんからは、「普通の女の子っぽい雰囲気だね。もっと派手にしていると思ったよ」とよく言われるんです。

服は日本から持ってきたものもたくさんありますし、タイのブティックで買うこともあります。お気に入りのブランドはプラダとグッチ。商売柄、流行チェックは欠かせないので、休日はぶらりとショッピングに出かけたり、定期的に日本に帰ったりしています。

ママになったのは、働いて一年ほどしてから。一年かけて信用を築き、日本人だということもあったんでしょう、オーナーからママになってくれと頼まれました。ただ、長年働いている子たちも大勢いたので、経験も浅く年も若い私がママになった反発はとても大きかったですね。タイ人は派閥を作るのが好きですから、私の側についてくれる子と、そうでないグループとに今も分かれている状態です。

ママになってからは平日の五日は出勤するようになり、責任も大きくなりましたが、タイが不景気なこともあって、待遇面は残念ながら据え置きです。

もちろん引き抜きの声はかかります。今のお給料の二倍、三倍払うから来てくれ、っていうお店もあるんです。たしかにその誘いは魅力的ですが、私はお断りしています。

一部のお店では、売春が義務となっている所もありますし、何よりも、外国で働くからこそ、信用が一番大切なものとなってくるからです。ダンヒルでは一年間仕事をして、その分の信用を得てきました。別の所に移ったら、またゼロからやり直しです。それに、私としても信頼できるオーナーの下で働きたいですから。その点、この店はまったく問題ありません。ですから、目先のお金よりも、長い目で見て気長にやりながら、将来いただける収入のことを考えたほうがよいと判断しています。

仕事をしていて辛いのは、日本人男性の傲慢さが目につく時。お店のお客さんは日本人がほとんどで、彼らは「日本人は世界のトップだ、タイ人は発展途上国の人間だ」という感覚を持っています。だから、タイ人の女の子には、別に何をしたっていいんだ、と考えて、それが露骨に態度に現れる人が多い。私はタイ人と同じ待遇、同じ感覚で働いています。また逆に、彼らと同じ日本人だという自覚もあります。だから、そうした傲慢な考えの日本人男性を見て、悲しくなってしまうんです。

タイ人と働くことで、ストレスを感じることもあります。彼らの、のらりくらりとした態度と性格を間近に見ていると、「どうして分かってくれないの」と叫びたくなります。何か指示を出して、「分かりました。やります」と彼らが返事をしても、やらない。気に入らないことは、絶対にしないんですね。それに、タイの水商売の女の子は日本と違い、この仕事をしなければ生活できない事情を抱えた人が働いていますから、フタを開ければ嘘だらけ、ということが多く、疲れることがあります。

働いていればいろいろありますが、将来の夢はタニヤに自分の店を持つこと。そして、タイでタレントとしてやっていけるようになりたい。タレントとしての活動は、現在のところ『アジアデイライト』と『G－Diary』という二つの現地発行の雑誌に記事を書いていることのみですが、おかげさまで、タイに住む日本の方のほとんどに、私の存在を知っていただけるようになりました。

ここタイで、自分で満足するまで何かを成し遂げるには、とても長い年月が必要です。だから、多分タイにこのままずっと住み続けることになるんじゃないかと思います。私のモットーは、「自分が頑張ればみんなが認めてくれる、夢はかなう」ということ。もしタイで水商売をしてみたいという日本の女の子がいたら、それはその人次第。決して不可能なことではないと言いたいですね。

人材派遣会社マネージャー

萩原和枝

Kazue Hagiwara

人の広がりが、タイにはあるんです

一九五九年一〇月二三日生まれ　東京都葛飾区出身
◎東京外語専門学校卒　九五年九月来タイ
◎勤務先：日系人材派遣会社（スクムビット通り、スタッフ七人、日本人六人）
◎肩書き：マネージャー
◎労働条件：月三万五〇〇〇バーツ、隔週土曜・毎日曜休み
◎住まい：ニューペップリー通りのアパート

「外国に住むってことは特別なことでも何でもないのよ。とりあえず住んでみて、もしダメだと思ったら、日本に帰れば済むことじゃない。だから和枝さんも来てみればいいのに。タイはとっても住みやすいよ」

タイで働いていた友人を訪れた際に、彼女から言われたことばです。それを聞いて、「そうか、外国に住むって、特別なことじゃないんだ」と気

づいて、ハッとしたんですね。だったら私もタイに住んで、仕事ができるかもしれないと、彼女に会ってから本気で考え始めるようになったんです。

当時、私は日本の人材派遣会社で人材登録と人選を担当していました。でも、会社の体質で男尊女卑の傾向が強く、女性はいくら真面目に働いても、評価されることが非常に少なかった。仕事内容もワンパターン化しており、五年、一〇年先を想定しても、今と同じ仕事をしている自分しか思い浮かばず、いつも物足りなさと、忙しさから来る精神的な圧迫を感じていました。

それに比べて、タイで働くその友人は、とてもいきいきと輝いて見えました。私も彼女のように輝いていたい。そう思うと居ても立ってもいられずに会社を辞め、すぐにタイに住むための準備を始めました。

タイでの生活のスタートは、友人がいたこともあって順調でした。何より良かったのは、タイ語を勉強したAUAで友達がたくさん増え、お互いにいろいろな面で協力しあえたこと。たとえば、アパート探しを手伝ってもらったり…。学校は、長年つきあえる良い友人を見つける、とても貴重な場所だと思います。

友人が増えれば、いろいろな情報交換もできます。半年ほどして、そろそろ仕事をしようかな、と思って友人に相談したところ、「日本人会のチラシに、『仕事探しています』と載せてみたらどう？」とアドバイスをもらいました。早速掲載してみたところ、すぐに反応があり、レンタルビデオ店と日系幼稚園から連絡が入りました。聞くと、幼稚園のほうは子供たちの世話係で、月給が一万五〇〇〇バーツと安く、しかも夏休みなどがある月は、そのお給料も出ないといいます。私は子供が大好きなので、仕事自体は魅力的でしたが、いくら何でも給料が安すぎたため、レンタルビデオ店のほうを選ぶことにしました。

ここは日本のテレビ番組や各国映画のビデオをレンタルする、タイ在住日本人御用達のお店で、ビデオの宅配も引き受けています。私の担当は、日本人のお客様からかかってくる電話の応対。会員番号と、借りたいビデオの名前を聞いて、タイ人の配達係に指示を出せばいいんです。比較的楽な仕事だし、日曜日と祝日の数だけ平日にお休みが取れ、それで月給は三万七〇〇〇バーツ。結構いい条件だったと思います。

職場の雰囲気もよく、スタッフのみんなと仲良くやっていましたが、やがて電話応対という仕事に、物足りなさを感じ始めました。友人からも「このままでいいの？」と問われて、転職を決意し、今度は人材派遣会社へ登録に出かけました。

思いがけないことでしたが、最初に訪れた派遣会社で、私へのインタビューを担当した男性スタッフが、私が人材派遣会社で勤務していたことに注目し、「実は独立して新しい派遣会社を作るんだ。もしよかったら、そこで一緒に働いてくれないか」と誘って下さったんです。私は希望業種を特定していませんでしたし、日本での自分の経験が生かせるならと思って承諾し、現在の日系人材派遣会社へ九八年六月に入社しました。上司が営業などの外回り専門で、私が社内のことをフォローするよう、二手に分かれて業務を行いました。

社内での私の仕事は、登録者名簿などの管理、登録者へのインタビューと人選、企業への推薦と手続き、タイ人への仕事の指示など。ここはタイなので、登録者約五〇〇〇名のほとんどがタイ人で、日本人はうち一割程度。登録者へのインタビューは、タイ人には英語で、日本人には日本語で行っています。ですから、タイ人への応対はタイ人スタッフに任せ、私は日本人登録者と、日本語の話せるタイ人登録者を担当しています。

入社して一年近くがたったころ、上司から「君も営業をやってみないか」と言われました。私は一度も営業という仕事をしたことがありませんでしたが、日本に住んでいた時代から営業に誘われたことが何度かあり、一度はやってみてもいいと思っていました。そこで営業に出てみることにして、飛び込みで日系企業を訪問するようになりました。

本当なら、きちんとアポを取ってから訪問したほうがよいのでしょうが、効率を考えると、やはり飛込みが一番。日系企業が集中して入っているオフィスビルなどは、短い時間で何件も訪問することができます。たしかに、お客様とはあまり長い時間お話しできませんが、とりあえず会社の存在を知っていただくだけでも効果があります。時にはうさん臭い奴と警戒されることはありますが、タイ人の受付の女の子が親身に話を聞いてくれるので、アポなしでもほとんど問題ありません。

営業という仕事は、人によって向き不向きがある業種ですが、私は人と会って話すのが苦痛じゃない。むしろ楽しみに感じられたんです。実際に営業を経験してみて初めて、「自分は営業に向いているかも知れない」と気づくことができました。もちろん、それなりに辛い部分もありますが、逆に面白さも分かったんです。今では、オフィスの仕事は他の人に任せて、営業一本で仕事できたらいいな、と思えるほど。

タイで働いていていいな、と思うのは、人の広がりがあるということです。日本では決して出会う機会の持てないような、大企業のトップの方なども、同じ日本人同士だという連帯感があるためか、腹を割っていろいろな話をしてくださる。それに、違う職種の人たちと知り合えることも大きな魅力ですね。だから、公私ともども、どんどん積極的に外に出て、いろいろな方たちと会うことにしています。

タイは、アジアの中でも面白くて住みやすい国だと思います。若い頃は、アジアのイメージといえば、汚い、怖い、それに正直言って「国が貧しければ人々の心もすさんでいる」みたいな先入観もあったんです。だから、最初タイへ旅行した時は、「怖いもの見たさ」という面が強かったですね。

でも、実際にここに住んでみると、何よりもタイ人の心の広さを感じました。仕事上でも、日本人よりタイ人に励ましてもらうことが多いんですよ。たとえば、仕事でミスしても、「気にしないで」って優しい言葉をかけてくれたり、「ソムタムが好き」と言えば、毎日ソムタムを買ってきて食べさせてくれたり(笑)。そんな風に気を遣ってもらうと、元気が出てくるんですね。言葉の壁や習慣の違いで、彼らに深くは立ち入れないにしろ、人をすんなり受け入れてくれるタイ人の心の広さが、私は大好きなんです。ですから、思いやりを感じた相手がタイ人の男性だったりすると、ちょっと心がときめいたりすることもあります。

これからの身の振り方については、まだはっきりと方向を定めていません。結婚もしたいし、タイにもいたいし、でも日本に帰りたいという気持ちもある。一人娘なので、万が一両親に何かあったらすぐに帰国するつもりですが、今のところは自然の流れに身を任せています。最近は仕事が忙しく、仕事一辺倒になっていますので、またそろそろ別の世界を覗いてみてもいいかな、とも考えています。

ダイビング・インストラクター

平川恭 Kyou Hirakawa

日本では手に入らない、楽しい仕事です

一九六九年八月三日生まれ　大阪府出身
◎専修大学経営学部卒　九五年七月来タイ
◎勤務先：カタ・ダイビング・サービス（プーケットにあるダイビング・ショップ＆スクール、日本人スタッフ：ハイシーズン八人、オフシーズン五人、タイ人スタッフ二人）
◎肩書き：ダイビング・インストラクター
◎労働条件：月二万五〇〇〇バーツ、月四、五日休み
◎住まい：オフィスから徒歩五分のカタ・ビーチ近くに夫人の和江さんと二人暮らし
▲写真左端、その隣の女性が和江さん

大学生の頃は時間に余裕があるから、みんな海外旅行しますよね。僕もその一人で、インドなどアジア各国をよく旅行していたんですが、その時に行きも帰りもトランジットで必ずタイに寄ることになったのが、この国を知るきっかけでした。ここは日本と同じ仏教国で親しみやすいし、メシもすごく旨い。知らない人とも笑顔で接するタイ人の気質も気に入って、プーケットに住む前から、サムイ島の近くにあるタオという島に長逗留して

いました。

ここは、たまたまタイで知り合った日本人に「いい所だよ」と教えてもらった場所。当時はまだ電気も通じていない何もない所で、ただきれいな海があるだけ、という点が気に入りました。毎日の生活は、朝起きてシュノーケリングをして、夕方メシを食って、酒を飲んで、という感じ。僕は昔からサーフィンとサッカーをやっていたので、海も、体を動かすことも大好きだったんです。お金は日本でアルバイトをして稼ぎ、それを持ってタオ島に行って、お金がなくなったらまた日本に戻って……という繰り返し。ダイビングはその頃から始めてやみつきになり、島にあったスウェーデン人経営のダイビング・ショップで、一年くらいバイトもしていました。

そうしているうちに、友人の一人がプーケットにあるダイビング・ショップを紹介してくれ、今のカタ・ダイビング・サービスに所属することになりました。

毎日の仕事は、まず朝の七時ごろに起きて仕度をして、七時半に家を出ます。ショップには五分で着くので、用意をして八時にお客さんと一緒に海へ行きます。八時半に港からボートでラチャヤイ島という所まで一時間半かけて行き、そこで講習を行います。港に戻ってくるのはだいたい四時頃。あとは片づけなどをして仕事を終えます。また、四泊五日のクルーズもしているので、それに同乗することもしょっちゅうです。

プーケットのハイシーズンは一一月から四月頃まで。特に、大学が休みになる二月〜三月が最もかきいれ時で、お客さんの数は一か月に四〇〇人くらいになります。これを八人のスタッフで分担するので、忙しい時は平均して月に五〇人ほどの応対をすることになります。

逆に、七月のオフシーズンのお客さんの数は一〇〇人ほどに減りますので、インストラクターの数も五人になります。お客さんの九〇％が日本人。たまに西洋の方も講習に来られます。

給料は、現在、ベースが六〇〇〇バーツで、プラスコミッションという形です。休みは月に四、五日で、賞与や手当、有給休暇などはありません。

うちの店の一人当たりのメニューは、体験ダイビングが四〇〇〇バーツ、ライセンス取得コースが三日間で九五〇〇バーツ、ファンダイバー(ライセンス既取得者向けのダイビング・コース)が二五〇〇バーツ、四泊五日のクルーズが六九〇USドルで、そのうちの一部が僕の取り分になります。

給料が安いのは不満なんですが、この仕事はやっていて楽しいので辛いと思ったことはありません。肉体的にはかなりハードで、毎日の生活をあらためて振り返ってみると、ああ、結構きついことやってるな、と思うんですが、仕事自体が楽しいので、感覚的にはむしろラクです。僕は日本で就職したことが一度もないし、インストラクター以上に魅力のある仕事は今のところないように思います。

お客さんにたくさん来てもらえれば、それだけ自分の収入につながりますので、営業もやっています。たとえば、過去の顧客リストを広げて、彼らの日本の住所に葉書を「また是非いらして下さい」と書いて出したり、日本人観光客に声をかけて誘ったりしています。もちろん、現場でお客さんに楽しんでもらえるのが一番の営業になるんですけどね。

プーケット周辺の海の魅力は、何といっても魚影が多くてダイナミックなところ。パンガー(007の映画や奇岩で有名な場所)などにはマングローブが繁っているため、プランクトンがいっぱいいるのでエサが豊富で魚たちがたくさんいるんです。もちろん魚の種類もとても多いし、ポイントによって海の中の様子がずいぶん変わる点もいいですね。僕のお気に入りのポイントは、プーケットから東に約二〇キロ行った、アネモリリーフと呼ばれている所。ここは潮まわりの影響で魚影がとても多いんです。

タイ人スタッフは二人で、彼らとも仲良くやっていますよ。僕は大阪出身なんですが、関西人とタイ人って性格が似ているんです。たとえば、車の運転の仕方とか、おばちゃんたちが買い物する時の値切り方なんかが。だから違和感なくつきあえる。ただ、日本人ならすぐに理解してもらえるようなことも、一から説明しなければならない点だけは、ちょっと面倒に思う時があります。

これからの夢は、いつか自分のダイビング・ショップを開くこと。場所はやっぱりプーケットしかありません。インストラクターは、どのポイントにたくさん魚がいるかとか、ナイト・ダイビングだったらどこがいいとかを何年もかけて調べ、独自に海を開発していくんです。だから、他の所に移ってしまうと、またゼロからやり直しになってしまいます。今までの経験を無駄にしたくないですから、他の場所には行けません。

僕のカミさんは日本人で、高校生の時の同級生です。彼女はおっとり、のんびりした性格で、僕と同じくタイが大好き。二人とも、日本に帰るつもりは全然ないですよ。彼女と一緒に、一生プーケットに住みたいと思っています。タイに住んでいても、北のほうには全然興味がなくて、チェンマイにすら行ったことがありません。やっぱり南の海のある場所が一番。これからも、プーケットで毎日ニコニコしながら生活して、ぜひともカミさんを幸せにしてやりたいと思っています。

インストラクターの仕事で大切なのは、一にも二にもサービス精神。技術的な点ももちろん重要ですが、何よりお客さんに対するサービス精神がないと、この仕事は務まりません。タイでダイビング・インストラクターになるのは簡単で、誰でもなれると言ってしまってもいいけれど、肉体的にかなりきつい仕事だということもあって、とにかく仕事を始めてからが勝負。最近は、プーケットに遊びに来て、そのまま居ついちゃったという女の子がインストラクターの仕事をしています。僕も同じだったから、彼女たちの気持ちがよく分かるんです。日本でこんな生活は、まずできないですからね。

タイには美しいビーチや島々がたくさん点在しているが、日本人経営のダイビング・スクールは、現在のところプーケットとサムイ島だけにしかない。やはり、一般の知名度や海の美しさが飛び抜けて高いという点から、この二か所に集中しているのだろう。平川さんの話からも分かる通り、ダイビング・インストラクターは、比較的仕事に就きやすく日本人の数も多い業種のひとつに挙げられる。

業界事情

ダイビング・インストラクター

■ 美しい海とビーチに囲まれた夢のある職業 ■

プーケットには日本人経営のダイビング・ショップが四、五軒、サムイ島には一軒あり、タイ人経営の所になると無数にちらばっている。そのうち、日本人インストラクターの数は三〇～四〇人で、中にはタイ人や西洋人の経営するショップに勤めている日本人もいる。

男女の比率は四対六と女性のほうが多いが、インストラクターの仕事は肉体的な負担が大きく、かなりの無理を強いられるため、どちらかというと男性向きの仕事である。ただし、全く女性に不向きというかというとそうでもなく、女性らしいきめ細やかな対応は、顧客に喜ばれる大きなポイントのひとつになっている。

一口にインストラクターといっても、いろいろと分野があり、どの分野の仕事をしたいかという方向性を最初に見つけることが必要だろう。たとえば、ライセンス取得向けの講師になりたいか、お客さんを案内する現場のガイドになりたいか、などである。ひとつの分野を深く掘り下げていき、自分自身のセールスポイントを築き上げていく過程が、この仕事の一番厳しい部分であると言えよう。

毎月の給料の一般的な額は、一万五〇〇〇～二万五〇〇〇バーツで、経験を積んだ熟練インストラクターで五、六万バーツ。ただし、これだけの高給を取る人は非常に少ない。

給与水準はバンコクよりかなり下がるが、それでも海やダイビング、タイの美しい海が大好きな人には、楽しみながらできる魅力ある仕事として、昔から人気が高い業種なのである。

病院スタッフ

諸星千晃 Chiaki Moroboshi

タイだからこそよい仕事にも恵まれるのだと思います

一九六八年六月二〇日生まれ　静岡県出身
◎産業能率短期大学能率科秘書科卒　九七年一月来タイ
◎勤務先：サミティヴェート総合病院（スクムビット・ソイ四九、医師・看護婦・従業員約七〇〇人、うち日本人一人）
◎肩書き：ジャパニーズ・サービス・セクション・スタッフ
◎労働条件：給料三万～四万バーツ、週四五時間勤務、フレックスタイム制、日曜休
◎住まい：スクムビット・ソイ五五（ソイ・トンロー）のマンション

タイは、日本での仕事を辞める二年ほど前から何度も訪れた国で、ダイビングをしにプーケットへ行ったり、日本人があまり行かないような田舎を回ったりしていました。旅行の際に役立てばと思い、タイ語学校にも通っていましたが、特に「タイに住みたい」と思うほどの魅力は感じてはいませんでした。旅行中には、ありがちなトラブルにも遭遇しましたし、バンコクの街はお世辞にもきれいとは言えなかったですから。

では、なぜタイだったのかというと、理由は二つあります。ひとつは、私は学生の頃から英語アレルギーで、英語圏の国には住めそうもなかったこと。もうひとつは、自分の手持ちのお金だけで行けそうな国が限られていたことです。

両親は放任主義で、私も独立心が旺盛でしたので、一八歳で上京して以来、自分の生活は自分でずっと支えてきました。ですから、外国で生活することに関しても、自分の力でどうにかしたかった。タイはここ数年、何度も旅行して様子が分かっていましたので、当時の私にとって一番行きやすい国だったのです。

タイで仕事をするからには、まずタイ語を学習する必要があると思い、ＡＵＡというタイ語学校に半年間通い、その後ユニオンという学校で勉強を続けました。

タイの環境に浸かっていたいという気持ちから、最初に選んだのは、先生を養成するラーチャパットプラナコン国立大学の日本語講師の仕事でした。当時、タイ語学校へ通うかたわら、ソーソートーの「日本語教師養成講座」にも通っており、そこの先生から紹介していただきました。でも、条件は良くはありませんでしたね。大卒でないということで非常勤扱いになってしまい、月曜から金曜まで授業を受け持って月八〇〇〇バーツ。その他の手当もまったく出なかったため、ビザ代など諸経費のかかる外国人が働く環境ではなかったと思います。ギリギリまで頑張りましたが、労働条件に改善の見込みがなかったため、別の職場を探すことにしました。

次は、講師の仕事のために一時中断していたタイ語の勉強を続行しようと思い、ほうゆう学舎という、日本の子供向け塾の習字の先生をしました。私はスポーツが大好きで、日本人のスポーツ仲間と「大人のバスケットチーム」を作ったのですが、そこでチームに参加した塾長さんと知り合いになったのです。ここでは、習字教室の先生をメインに、生徒たちの送り迎え、事務、雑用などを担当。子供たちは、学校が終わった午後から来ますので、午前中タイ語学校へ行き、月曜から土曜の午後二時から夜一〇時まで勤務しました。お給料は月一万三〇〇〇バーツで、ビザなどの諸経費も出していただいていました。

現在の勤務先であるサミティウェート病院は、九八年の暮れに知人から日本人通訳を募集していると聞いたのがきっかけです。とりあえず様子を見に行くつもりで、病人のフリをして受付まで行き、「今、日本人を募集してるの？」とさり気なく尋ねてみたのです。すると、受付の子がその場で上司に連絡してくれて、履歴書も何もなしで急きょ面接することになりました。病院側は、一刻も早く日本人に来てもらいたかったようで、私の話すタイ語を聞いたその段階で、すでに採用が決まっていたようでした。

塾の仕事は楽しく、今でも病院勤務の合間に週三回、習字の先生をしているほどなのですが、せっかくタイに住んでいるのだし、できればタイ語を話せる環境にいたかった。ですから、この話は私にとってチャンスだったのです。

病院での仕事は、日本人の患者さんと医師・看護婦の間の通訳を中心に、問い合わせの応対や、パンフレット作成時などの翻訳を受け持っています。スクムビットにあるので日本人の患者さんが多く、平均して日に一〇〇人前後を八人の専門スタッフで手分けして応対しています。私以外は全員、日本語を話せるタイ人で、それぞれ受け持ちの科が決められています。私は主に小児科、皮膚科、形成外科を担当していますが、出勤時間は八人の中でシフトを組んで調整していますので、他の科で通訳することもあります。

この仕事をしていて良い点は、いろいろな方と出会うチャンスがあるということ。患者さんたちと親しくなり、情報交換したりして、交友を深めています。また、皮膚科と形成外科は美容関係と関わりが深いので、仕事をするうちにとても興味を持ちました。

病院では、日本でも話題になったケミカル・ピーリングや、シミを除去するレーザーなども扱っており、いくつか自分でも試しています。ケミカル・ピーリングは効果が高く、肌がツルツルになります。日本よりずっと安くできますし、タイ人医師の腕の良さは定評がありますから、タイで美容・エステ関係は、試す価値があります。

タイ人ばかりの環境の中で仕事を続けるコツは、一刻も早くタイの人間関係に慣れることだと思います。彼らの特徴は、良くも悪くも忘れるのが早い、ということでしょうか。普通、日本人でしたら、一度気まずい関係になると、それを修復するのに時間がかかりますね。でも、タイ人はつまらないことですぐ感情を表に出すわりに、次の日にケロッとして何事もなかったように接してくるのです。もちろん、心の中ではどう思っているのか分かりませんが、いつまでも感情の尾を引かないサラリとしたところが、タイ人らしさのひとつと言えるのではないでしょうか。

現地採用の給料は安いですが、それでも日本にいるより良い暮らしができますし、先進国でないからこそ、私たちも優遇されて、やりがいのある仕事に就けるのだと思います。よく、アメリカの免税店で働いていたなどという人が、日本に帰って再就職する際にその経験を評価されたりしますね。しかし、行った先の国が先進国か否か、という判断基準には疑問を持ちます。

海外で働くことで身につく経験の質という点では、重要な仕事を任されるタイのほうが、明らかに優れているのではないでしょうか。それでも、日本へ帰れば、やはりそうは思われないでしょうね。就職の面接の時などに、「一体タイみたいな国で何やってたの？　やっぱり男？」などと言われることが容易に想像できて、それがとても残念なのです。

それでも、今は日本に帰って、日本の社会に復帰したい。タイは居心地が良いですから、どこかで決心して身を引かないと、一生ここに住むことになりそうで…。あまり需要はないかも知れませんが、日本に帰ったら、タイ語の翻訳の仕事をしたいと考えています。また、英語コンプレックスを解消するために、英語圏の国にも行ってみたい。行ってしまえば、タイ同様、またどうにかなるはずですから。

やりたいことがたくさんあるので、今のところまだ結婚は考えていません。お付き合いしている人はいます。カメラマン兼ライターをしている日本人です。年下ですが、先日カンボジアへ一緒に旅行した時に、「頼りになる人だな」と思いました。おそらく、私が帰国する時は、彼も一緒に日本に帰ることになるのではないでしょうか。でも、まだそれはもう少し先の話。今は、もう少しタイで頑張っていたいと思っています。

……バンコクには日本人がよく通う病院・クリニックが一〇か所以上あり、そこでは、

業界事情

病院

■ 奉仕と思いやりの気持ちが大切 ■

主に通訳として日本人スタッフが採用されている。基本的に一つの病院に日本人一人の割合で、あとは日本語のできるタイ人を置く場合が圧倒的である。地方での需要はほとんどなく、現在のところプーケットの総合病院に日本人スタッフが一名いるのみであるという。

業務内容は、医者と日本人患者間の通訳を主に、さまざまな問い合わせの応対、営業、日本語の案内書や広告作成などのマーケティング活動を行う。患者数が多いため、あちこち飛び回って応対するのが常で、その業務は雑ぱくで多忙を極める。ただし、医師や看護婦のように、夜勤を義務づけられることはまずない。給料は平均三万バーツほどで、その人の持つ資格や経験などによって差がでてくる。

医師は英語を話すので、医師との間の通訳においては英語で充分用が足りる。しかし、それが看護婦や事務員など末端の人々との間になると、タイ語しか通じないことが多くなるため、タイ語能力はまず必須条件となる。

医師や看護婦、薬剤師、介護士といった資格を日本で取得していれば、タイの病院で優遇されることは間違いない。実際、日本の元医師や看護婦たちが、タイの病院で働いているケースはいくつもある。ただし、外国人が医師や看護婦として、患者の治療その他を直接行うことは、タイの法律で禁じられている。

また、慣れない海外で体調を崩し、不安な気持ちで来院する患者への奉仕精神も大切だ。大勢の患者を相手にする忙しい仕事だけに、患者一人ひとりへの思いやりや細かい心遣いも、大切な仕事の一部なのである。

出版社営業

鳥川学

Manabu Torikawa

営業の仕事は体力と根気です

一九七二年八月六日生まれ　愛知県出身
◎愛知県立中村高校卒業　九四年来タイ
◎勤務先：バンコク週報（タイ人従業員一六人、日本人二人）
◎肩書き：シニア・エクゼクティブ・セールス
◎労働条件：タイ人大卒初任給の五倍、週休二日
◎住まい：トンブリーのアパート

高校生ぐらいから、なんとなく日本に飽きたらないものを感じ始めていました。地元・名古屋が嫌いだったとか、人間嫌いだったとか、別段そんなことではなく、外国で働きたいと漠然と思っていたのです。高校三年になって慌てて受験勉強に取り組んだこともあり、受験に失敗してしまいましたが、浪人してまで大学に行こうという気はまったくありませんでした。

その時思い浮かべたのが、フランスの外人部隊のことです。こう言うと突拍子もないことのように聞こえますが、「外国で働きたい、男らしい世界で体を使って働きたい」そう考えていた私にとって、外人部隊はまさに格好の職場であり、憧れであったわけです。しかし、入隊資格などをいろいろ調べたところ、目が悪いと不利という情報があり、結局断念。その後、外人部隊になるべく近い職場をと思い、九〇年七月に日本の陸上自衛隊に入隊しました。

入隊して三か月間は、前期教育隊という新隊員の基礎訓練がありましたが、これを終了した時には最優秀隊員として表彰されました。その後、北海道北恵庭駐屯地の第一戦車群に配属され、部隊の一員として先輩陸士との集団生活が始まりました。戦車は乗ってみるとイメージとは大違いで、狭っ苦しい箱の中に閉じこめられたような感じで不快感を覚えましたし、上下関係が厳しい集団生活で起こりがちなイジメを見たこともありました。私は兵器おたくでも、ミリタリーおたくでもありませんでしたから、自衛隊からだんだんと心が離れ、若い時期にこんなことしているのは時間の無駄だと考えるようになり、結局、九か月で自衛隊は除隊しました。

名古屋に戻った後は、いろいろ考えた末に、以前から考えていた外国へ行くプランを実行することにしました。目指すはヨーロッパ。別に、そこに何があるわけでもなかったのですが、行ってしまえば何かが見つかる、そんな気持ちが私を支配していました。まずは資金を蓄えるために、自動車部品製作会社に期間工として就職。ただ、この頃は外国で働くというよりは、長期滞在して自分を見つめたい、というバックパッカー的発想で外国行きを考えていました。アジアは頭になく、ひたすらヨーロッパが目標の地だったわけです。

その期間工の同僚に、プーケットでゲストハウスを経営しているという人がいたんです。今思えばユニークな人でしたが、私がヨーロッパへの思いを語ると、彼はアジアの、それもタイの良さを訴えてきます。「何もヨーロッパへ行かずとも、タイはおもしろいところで、ヨーロッパ人もたくさんいるぞ」と。しかし、当時の私はタイと聞いても、ゴキブリがいっぱいいそうな国くらいにしか思っていませんでした。それでも彼は、タイの写真を持ってきては、タイへの思いを熱く語ります。そのうちに、「タイはヨーロッパよりも近いし、資金的にも楽だな」と思い始め、最初の海外渡航を東南アジアに決めたのです。

バンコクからタイ各地を旅行し、マレーシア、インドネシアへと向かったのですが、タイが一番気に入り、四か月の旅行中、三か月をタイで過ごしました。とにかく気候がいい。物価も安い。どこへ行っても活気がある。バンコクは都会ですが、一歩外へ出ればそこには素朴な世界が広がっている。そして陸続きの国境がたくさんある。旅行するうちに、タイを中心に活気あふれる東南アジアを仕事場としたい、という気持ちが沸々とわいてきました。日本に戻った時はもう心は決まっていて、今度はタイで暮らすため、当座の資金を稼ぐ目的でアルバイトを始めました。半年後、貯めたお金一二〇万円全額を持って渡タイ。九四年九月のことでした。

初めはＮＩＳＡのタイ語コースに通っていましたが、あまり先生はよくありませんでした。でも、とにかく言葉を覚えたかったので、強引にタイ人の友人を作るようにしました。たとえば、タマサート大学に日本語生徒募集の張り紙をして友人兼生徒を探して、日本語を教える代わりにタイ語を教わったり。学校よりも、むしろ自分でタイ社会に入ってタイ語を修得したのです。学校には半年ほどいましたが、ある程度言葉に自信が持てたところで就職活動を始めました。

タイ語の情報誌で『ワタチャック』という雑誌があり、ここは日本の情報をいろいろと取り入れて事業を展開していました。募集はなかったものの、この会社に就職してみたいと思って履歴書を送りましたが、返事はありませんでした。

ところが、ある日から私のところに「仕事を探しているのか？」と知らないタイ人から電話が掛かってくるようになりました。なんと、私の情報が知らないうちに『ワタチャック』紙の求人欄に掲載されており、それを見たタイ企業数件から電話がかかってきたのです。せっかくなので、その中からタイ人の家族経営の会社ナムセーン・チャクコーンという、日本から中古のコンプレッサーなどを輸入・販売する会社に入社。給料は一万五〇〇〇バーツでしたが、それくらいあれば暮らせると思い承諾しました。でも、日本人の私がやる仕事はなく、暇な毎日の連続。その間にタイ人の従業員とずっと話をしていたので、驚くほどタイ語が上達しましたが、あまりの仕事のなさに、悲しくなって結局二か月で辞めました。そして九五年、現在のバンコク週報に就職しました。自衛隊にいた、その体力と根性を買われて、広告の営業部員という仕事が回ってきたのです。

『バンコク週報』は、毎週金曜日に発行される日本語新聞で、経済・政治・社会・旅行と幅広い記事を掲載しています。私はその新聞に掲載する広告の営業の担当です。この仕事は、あちらこちらをかけずり回ることがまず第一なので、体力が必要ですが、いろいろな人に会えることが仕事の醍醐味ですね。

営業担当とはいえ、紙面の内容への思い入れも強まってくるもので、九八年に、以前からやってみたいと思っていた雑誌を立ちあげました。東南アジアの朝から晩までの遊び方を紹介する『G−Diary』という隔月刊誌ですが、今はこの雑誌のシニア・エクゼクティブ・セールスという肩書きで営業を行っています。

我が社はタイに本拠がありますので、日本から来た駐在員はいません。ですから、働いている日本人の同僚はみな同じ雇用条件にあります。多くの日系企業では、駐在員と現地雇いの職員との間に雇用格差があり、それが能力の差ではなく立場の差から発生するために、お互いうまくいかないことがあります。でも、ここではそれがないので、とても快適な職場環境にあります。

タイ人は明るくフレンドリーで楽しい連中ですが、責任をとりたがらないということだけが気になります。職場でも、何回かタイ人の同僚とぶつかって口論しました。最初のうちは責任の所在を問いつめて、相手が泣き出してしまうこともありました。でも、今ではそれはいけないことだと気づき、なるべく彼らを追いつめないようにしています。

仕事上の苦労といえば、やはり集金でしょうか。営業は契約を取るということが一番大きな仕事ですが、それで全部終わるわけではありません。売り上げを回収することも重要な仕事になります。契約は取れたものの、いざ支払いの時になってお金を渋るお客もあり、こんな時はかなり苦労することになります。タイで仕事をしていますから、タイ人をはじめとする諸外国人とも契約を結ぶわけですが、相手が外国人だから、そういった問題が起こるというわけではありません。日本人でもやはりいろいろな人がおり、中にはいい加減な人もいます。企業やきちんとした会社はほとんど問題ありませんが、タイで会社を興した人の中にはまれに困った人がいます。ここはタイ、日本ではなく外国だからということでしょうか、法律を無視する人までいます。また突然会社をたたんで、どこかに行方をくらました人もいました。契約前に相手の会社のことにも若干気を配っておかないと、自分たちが痛い目を見るばかりでなく、時に読者の方にも迷惑をかけてしまうことになるので注意しています。

現在の会社はタニヤにあるので、夜は日本人駐在員がクラブやバーに飲みにやってきます。運転手付きの車で来る人も多いのですが、日本人の雇い主が飲んでいる間、たくさんの運転手が外でウロウロしながら待っています。セキュリティーのためとか、いろいろ理由はあるのでしょうが、あまりかっこいいものではないですね。日本ではそんな生活をしていない人がほとんどでしょうから、これに慣れてしまうと、おかしくなってしまうこともあるのではないかと思います。

今、日本で働いてみたい気持ちもあります。現在の仕事で、私なりに満足できる結果を出していますので、それが日本でも通用するのか、試してみたいのです。果たして今の仕事の仕方やビジネスマンとしての基本作法が、正しいのか。帰国してその結果を確かめてみるのも、おもしろいのではないかと考えています。

バンコク発行の主な出版物①

■フリーペーパー■

『タイ自由ランド』
タイの三面記事やレストラン情報などが充実している。

『ウェブ』
タイのフリーペーパーの元祖。試行錯誤を繰り返し、いろいろ工夫を重ねている。

『バンコクガイド』
日本人観光客向けにおしゃれなスポットなどを綺麗なカラー写真で紹介している。

『ヴィアン　チェンマイ』
地方都市・チェンマイの情報誌だが、バンコクでも入手できる。チェンマイでの就職情報も掲載されている。

『ダコ』
駐在員の奥様御用達の隔週誌。36〜48ページ。カラーページが多くておしゃれ。お店や行事紹介が多く、バンコクでの暮らしをエンジョイしたい人にぴったりの情報がいっぱい。

『ボイスメール』
「売ります買います」など、読者参加型の情報が満載されている新聞大の隔週誌。仕事を探すなら、この情報が一番多いかも。中。

業界事情

出版

■多種多様な能力が求められる業界■

　バンコクには、新聞、雑誌、フリーペーパーなど、実にたくさんの日本語媒体が存在する。不景気にもかかわらず、その勢いは年々増してゆき、プーケットやチェンマイなど地方向けの日本語出版物もあるほど。日本語を使うため、日本人が多数必要な業種のひとつで、パンフレットやチラシの作成、製本、印刷までを含めると、かなりの数の日本人がこの業界で働いていることになる。

　主流はフリーペーパー。その理由は、無料なので読者の数が多く、収入源である広告営業がしやすいため。逆に、購読者が必要な新聞や雑誌は、読者が一〇〇〇～三〇〇〇人程度と少ないので、経営に多くの工夫と実績が必要となる。

　現在、フリーペーパーはバンコクだけでも一〇誌近くあり、現地に住む人向けのものと、観光客対象のものとがある。ここまで数が増えたのは、既存フリーペーパーの編集者が独立して、自分で新しい無料誌を作る枝分かれ状態が続いたため。あちこちで広告料金の値下げ合戦が繰り広げられており、各社の経営状態は決して楽なものではない。

　月収は二万バーツから五～六万バーツくらいまで。平均して三～四万バーツ程度で、これが外部のライターとなると、無料同然で引き受けている人も多い。

　業務は大まかに編集と営業とに分かれており、編集は取材、写真撮影、記事書き、編集作業、印刷手続きまでを、営業は広告営業と新聞・雑誌の拡販などを行うが、両方をこなさなければならない場合も多い。

　必要とされる能力は、編集がタイ語と英語、翻訳力、コンピューターによる編集、グラフィック作成、文章力、企画力、情報収集力などで、営業の場合はタイ語および英語の会話能力、企画力、積極性など。また、編集は深夜まで作業が続く場合があるので、体力・気力も必要だ。

日本と比べると印刷技術が低いのは仕方ないことで、編集段階でもいまだＤＴＰが普及していないのが現状。しかし、紙媒体ではなくホームページ専門の会社も次々と現れており、日本と同様コンピューターは欠かせないものになっている。グラフィック・デザインの技術は、今後もっと重宝されるに違いない。

バンコク発行の主な出版物②

■雑誌■

『まるごとタイランド』

プロのカメラマンが編集長だけあって、写真が非常に美しい隔月刊誌。創刊10年と歴史が長い。プーケットの情報に強い。180バーツ。

■新聞■

『バンコク週報』

日本語ローカル紙の老舗。経済ばかりでなく観光、雑学など、さまざまなジャンルの記事が掲載されており、柔らかいイメージが強い。85バーツ。


『週刊タイ経済』

タイ版『日本経済新聞』。タイでのビジネスに必要な経済、金融、法律、政治などを深く掘り下げている。個人より企業で購読するタイプの専門紙。1部250バーツ。


『ニュースネットアジア』

その日の現地新聞の記事を日本語に編集し、翌日朝までにファックスとメールで送付する形態の新聞。アジア各地に支局がある。購読料月間4000バーツ。

旅行代理店勤務
吉本聡
Satoshi Yoshimoto

タイでの生活設計には、実力と周囲への気配りが不可欠です

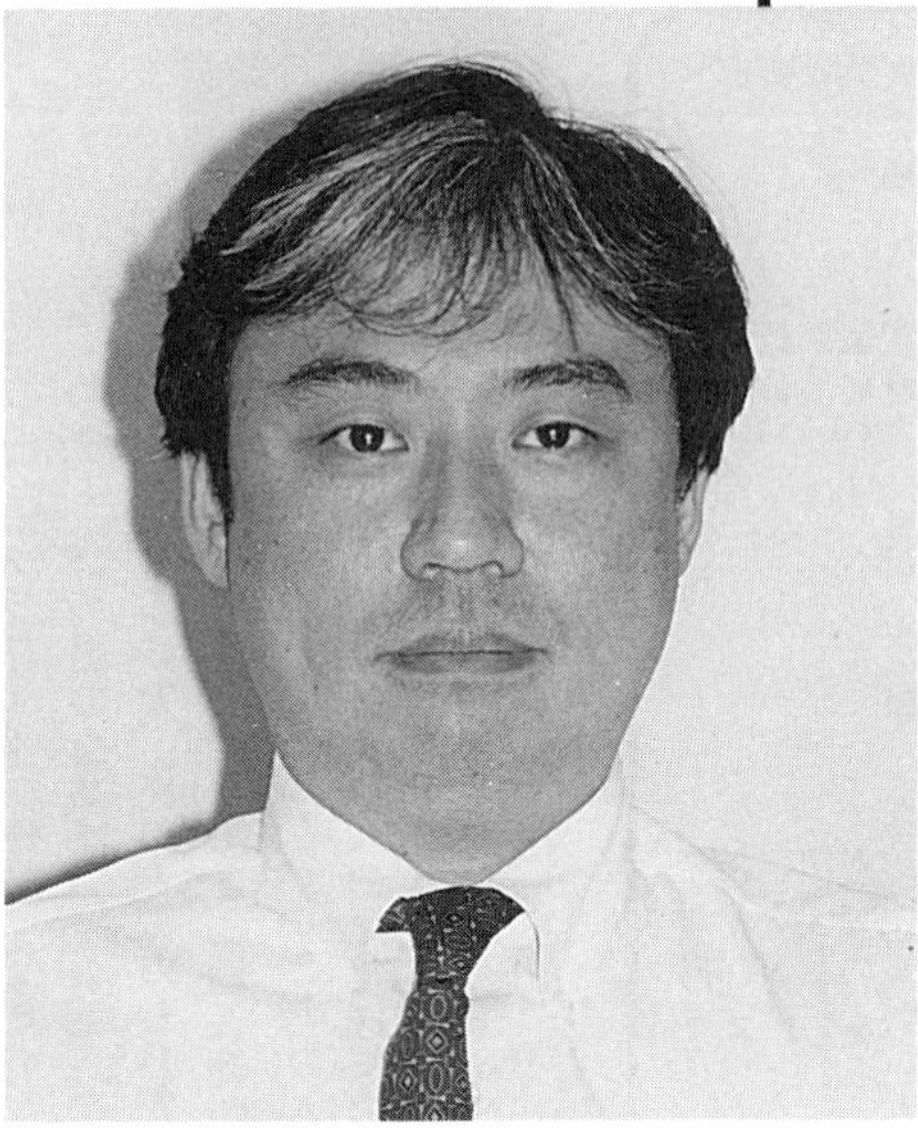

一九六四年七月一六日生まれ　兵庫県出身
◎甲南大学経済学部卒業　八九年八月来タイ
◎勤務先：エイペックス・タイランド（スリウォン通り、日本人四人、タイ人二一人）
◎肩書き：ツアー・マネージャー
◎住まい：バンカピ地区の一軒家にタイ人の奥さんと七歳になる娘さんと三人暮らし

私は大学時代から世界各国を旅してまわるのが大好きだったので、旅行関係の仕事に就きたいとずっと考えていました。就職するなら日本国内よりも海外。特に、中国旅行の際にトランジットで立ち寄ったバンコクの、混沌として躍動感のある街の雰囲気が気に入って、タイでの就職先を探していました。ところが、両親の強い反対にあってしまい、とりあえず日本国内の旅行代理店に就職することにしたのです。でも、いかにも日本の会

社らしい管理体制にしっくりいかず、一年足らずで退社してしまいました。そこで、やっぱりタイで仕事をするしかないと思い、タイに支店のある旅行代理店へ連絡。バンコク支店に欠員があるかどうかを確かめた上で面接を受け、日本で仕事を確保してから来タイしました。

最初に就職したのは、インバウンドを主に扱う旅行代理店です。一〇年前で若かったこともあって、給料は安かったです。インバウンドとは、日本からのお客様のホテルや車、ガイドの手配などを行う業務のことで、お客様を空港やホテルで出迎え、添乗員と打ち合わせの上、必要に応じて車の手配などを行うというものです。

もちろん、お客様が土日や深夜便で到着された場合でも、そのスケジュールに合わせて仕事をしなければなりませんので、サービス残業をして一日一〇時間、一二時間働くのは当たり前。朝九時から翌朝四時まで仕事をして、そのまま仮眠をとってまた朝九時から働く、なんてこともありました。

でも、入社したばかりのこの時期が、仕事をしていて一番楽しかった。バンコクでの仕事に自分がビシッとはまっているのを感じていましたし、経験のほとんどなかった私にとっては、すべての業務が勉強です。特に、この会社のスタッフたちは優秀な人たちばかりで、仕事がスピーディーだったので、彼らから学ぶものもたくさんありました。ガイドブックによく書かれている、のんびりしたタイ人というのは、この会社では関係ないことだな、と感じていました。

今の女房とは、この当時の仕事を通じて知り合いました。旅行会社に勤務する日本人は、契約しているホテルへしょっちゅう行くので、ローカルの人に出会うチャンスが実に多いのです。それに、今のように日本人女性がたくさんタイに住む時代ではなかったので、恋愛や結婚の対象は自然と現地の女性ということになってきます。彼女は当時、契約先のバンコク・パレス・ホテルのレセプションで働いていたので、会う機会が度々ありました。最初は何とも思っていなかったのですが、一緒に食事をしたのがきっかけで友人になり、タイ語を教えてもらったりしているうちに、自然と恋愛感情が芽生えていった、という感じです。彼女とは同い年で、二人が二八歳の時に結婚。翌年に娘が生まれました。

代理店業務というのは、あちこちに手配を頼み、それを管理するのが商売です。たとえれば、ひと癖もふた癖もある保険のセールスレディを管理する、保険会社の若手正社員のような立場で、特に現地の人たちの教育には今も頭を悩まされています。やはり、日本のお客様が相手ですので、言葉の違いというよりは、常識の違いを理解してもらわなければなりません。

たとえばガイドの場合、その日自分が熱っぽかったりすると、お客様に「今日は熱があるから」と言って黙り込んでしまったり、自分の家族が病気だったりすると「今日は夕方五時で帰りますから」と、最初からお客様に断りを入れてしまう。挨拶ひとつできない人もいますよ。これはタイに限らず、どこの国へ行っても起こる問題だと思います。

社内のスタッフにしても同様です。日本人スタッフは実際に数字を上げることを要求されますが、タイ人スタッフの場合は、仕事でミスをしないことが最も要求されます。ですから、ミスを連発するスタッフにはお情け無用。入社後三か月間の見習い期間のうちに素早く答えを出して、辞めてもらうこともあります。最初は、日本人的に「かわいそうだから」と思っていましたが、当時の社長に「そうした発想は、誰のためにもならない」と諭されました。やはり、代理店業務に限らず、センスがないと仕事は務まらないんですね。

それでも、こうした仕事の厳しさを自分自身で貫くならともかく、他のスタッフにも要求していかねばならない立場というのは、敵を作る結果にもなりますし、なかなかしんどいものです。

九七年、インバウンドよりも、アウトバウンド業務に興味が出て、現在のエイペックス・タイランドに転職し、ツアー・マネージャーになりました。アウトバウンドとは、タイ国内に住むお客様の旅行手配をする業務のことで、日本への一時帰国のチケット予約、タイ国内外の旅行ツアーの手配などを行っています。インバウンドに比べて拘束時間が比較的短くなったのが、良い点でしょうか。もちろん、日本人スタッフの場合は実際に数字を伸ばさなくてはなりませんので、責任の重さは変わりませんし、ローカルスタッフを管理する立場であることにも変わりはありません。

旅行会社はサービス業です。人に頭を下げるという勉強を、今までし続けてきたように思います。きっとそれは、別の業界へ転職したとしても役に立つ技術のひとつだと思います。

私はとても現実的な人間で、それは結婚して子供ができたことと、三〇半ばという年齢に達したせいでもあります。今、娘は小学校一年生で、近所のインターナショナル・スクールに通っています。タイ語は自然に覚えるものでしょうから、女房にも日本語を使わせて、家庭の中では日本語を使い、学校では英語を使うようにさせています。

この話をすると、周囲の人から「思考言語(頭の中で考える時に使う言葉)をしっかりさせておかなければダメだ」と注意されるのですが、せっかく半分日本人に生まれたのですから、自分ができる限りの環境を整えてあげたいんです。その中でどのように生きるのかは本人の自由。娘は僕にとって夢ですね。自分がなしえなかったものを託している、というところが多分にあります。だから、仕事の面では、娘を幸せにするための資金を作り出すというとても現実的な意味合いが濃くなってきます。

　でも、こうして仕事に打ち込めるのは、女房の力が大きいですよ。彼女はいわゆる中流家庭に育った人間で、特別育ちがよいわけでも高学歴というわけでもありませんが、道徳教育がとてもしっかりしているんです。子供が大きくなったらまた働きたいと言っていますが、家庭の中にいても決してのんびりしているわけではなくて、朝の四時に起きて朝食の仕度をして、家庭の中のこと一切をきりもりしています。とても真面目でしっかり者の女房で、最初、私はそれが当たり前だと思っていたのですが、後になってとてもラッキーだったことに気づきました。それに、彼女とは価値観が一緒で、おいしいものを共においしいと感じ、美しいものを共に美しいと感じることができるんです。

　家庭が安定しているからこそ、仕事にも打ち込める。ただ、もう少し実際の仕事面で「夢」の部分があるといいですね。この年で、バッターボックスに立って三振は許されないですから、チャンスが来たら何かできればいいと考えています。

　タイに住む日本人で、私たちの世代の人間というのは、仕事をバリバリこなしてとても優秀なのに、みんな同じ悩みを抱えています。年齢的にもう三〇代半ばで、日本に帰国して再就職するのも難しい。かといって、仮にずっとタイに住むといっても、定年が五五歳。子供がいれば支出のほうが多くなりますから、定年後に一生のんびり暮らせるほどの貯金ができるはずもない。年金制度もない。そうなれば、定年後もどこかに就職するか、自分で事業を興すしかない。では何をするのか。自分にはどのような道が残されているのか。そう思ってみんな悩んでいるわけです。

　いつも考えているのですが、こうした日本人たちが集まって話し合える会のようなものがあればいいですね。そして、同世代の友人を増やして、たくさん語り合っていきたい。その中から、きっと将来の道が開けていくのだろうと信じています。

もし、タイで働きたいと考えている若者がいるのなら、二〇年後、三〇年後の自分のことをよく考えてから来たほうがいいと思います。そして、外国人の経営者は経過よりも結果を見ますから、もし旅行代理店に勤務するのであれば、見習い期間の間に実際に数字を伸ばしてみせ、その後に自分をアピールして給料の交渉をすべきだと思います。決して自分を安売りしてはいけません。給料の面で妥協をしてしまう日本人はたくさんいますが、やはり安月給では生活が成り立ちませんから。

また最近、「私は三年日本に帰っていない」などと自慢する人がいますが、あまり同感はできません。自分一人で生きてきたわけではないのですから。

私は母親が亡くなる時に側にいてあげられなかったことで、大変悔いを残しています。タイにいる間も親との連絡は絶やさずに、少なくとも年に一、二回は日本へ帰って親に顔を見せてあげるべきです。こうしたことをひとつひとつクリアしてこそ、タイで働く意味も出てくるのではないでしょうか。

業界事情

旅行代理店

■ タイ初心者にも就職のチャンスあり ■

バンコクには日本人が経営する旅行代理店が五〇社以上あり、現地採用の日本人が多い業界として知られている。経験がなくても比較的就職しやすく、また吉本さんのように、日本で就職活動ができるというメリットもある。

給料は、未経験者で二万五〇〇〇バーツから、経験者なら三万五〇〇〇バーツ程度からスタートし、就職してタイで経験を積めば、六万バーツ以上の給料をもらうことも可能である。住宅手当はなく、ボーナスは会社や能力によってそれぞれで、一定していない。

仕事内容は、細々とした手配業務の連続で、かなりの要領とスピード、正確さ、繊細な気配り、忍耐力が要求される。残業が多く拘束時間が長いことでも有名で、旅行業務というのは、サービス残業の多い業界ベスト3に入ると言われている。特に男性の場合は深夜遅くまでの業務や、旅行者へのフォローは当然のこと。

これは、同業者同士の競争が激しく、チケットやツアー価格の値下げ競争をしなければ、経営が成り立たないという事情があり、薄利多売が基本となるためである。また、顧客が旅慣れていたり、旅行会社の事情に通じているならともかく、そうでない場合が多いため、薄利であってもサービスの充実を図る苦労も多分にある。

相手はお客様なので、たとえそれが理不尽な要求であっても、常に低姿勢でいなければならないというストレスもある。こうしたことから、日本人の出入りが多く、一か所で長続きする人はあまり多くはない。

それでも、タイ初心者にも入りやすい、日本での経験があればそれが生かされる、サービス業の何たるかを学ぶことができる点がプラス面と言える。また、たとえ実際の業務は厳しくても、旅行関係の仕事は誰もが一度は憧れる職業でもある。ただし、外国人がガイドとしてタイ国内で働くことは、法律で禁じられている。

衣料品のバイヤー

伊藤洋一

Youichi Ito

仕事上でもっとも大切なことは、人とのつながりです

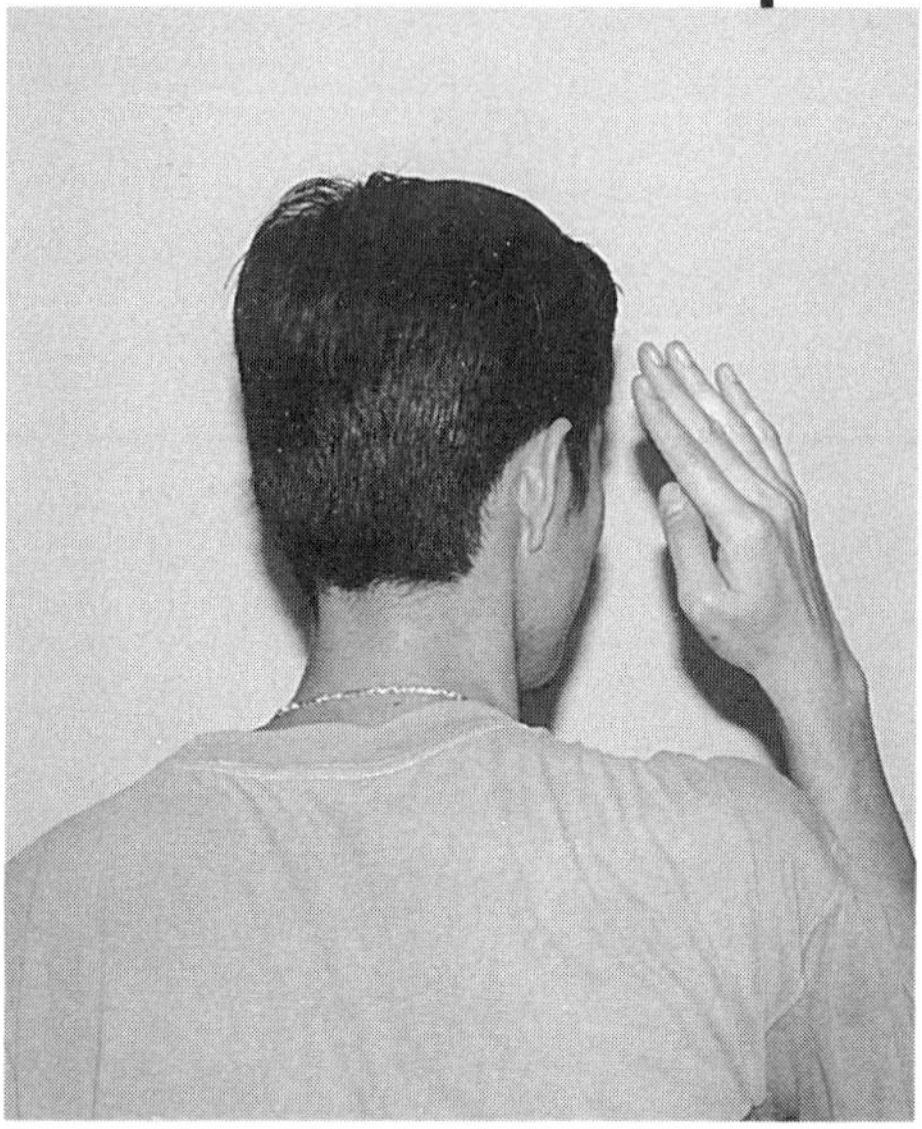

◎一九六六年七月四日生まれ　名古屋市出身
◎名古屋市内の私立大学国際関係学部卒　九五年来タイ
◎肩書き:フリーの個人輸出業者
◎労働条件:平均月収四万バーツ
◎住まい:パヤタイ通りのアパート

僕は昔からアジアの国々が好きで、大学では東南アジアの地域研究をしていました。不思議とアメリカ、ヨーロッパには興味がわかずに、少なくとも年に一〇〇日はアジア各国を旅行していたほど。おかげで、なかなか単位が取れずに、大学を卒業するのに一〇年もかかってしまいました。

最初の頃は、ネパールやインドが好きでよく行っていましたが、トランジットなどでタイへ寄るうちに、「この国も、いいところだな」という印

象を持ちました。ただ、当時は経験がなかったので「外国に住むのは大変なことだ」とずっと思っていたんです。それが、たまたまタイに友人が住みはじめ、彼らの様子を眺めているうちに、それは決して難しいことじゃない、ということが段々と分かってきたんですね。

タイの中には、好きでこの国にやって来た日本人が大勢住んでいました。また、仕事さえ選ばなければ、日本人だったらたいてい何かしらの職に就けるということも知りました。そうした内情を理解するうちに、とりあえずタイに住んでみよう、という気持ちが固まっていったんです。

両親はいつでも僕の理解者でした。中退寸前だった大学も卒業させてくれましたし、二八歳の新卒が社会に出たら苦労するだろうという配慮から、外国へ行って語学を修得してくるのもよかろうと、今回も快くタイへ送り出してくれたんです。最初の二年間は仕送りまでしてもらったので、ゆっくりとタイの環境に馴染みながら、自分の将来のことを考える余裕を持つことができました。

僕は、人とのコミュニケーションが、人生の中で最も大切なことだと考えています。だから、ゆとりのあるタイの生活の中で、それを常に心がけてきました。自分のアパートは、いつもサロンのように友人たちに解放しており、必ずと言ってよいほど誰かが寝泊まりしています。一人きりの時間というのはほとんどありませんよ。でも、それが苦痛ではなくて、逆に楽しい。基本的に世話好きなんですね。タイでの仕事は、そうした人の輪の中から生まれ、良い方向へと少しずつ形を変え続けていきました。

最初の頃は友人三人と五万バーツずつ出し合い、スクムビットの一角を借りて、喫茶店を開きました。といっても、これを商売にするつもりはなく、いろいろな人との交流の場にできたらいいな、という気軽な気分でした。結局、半年ほどで店はたたむことになりましたが、人の輪が広がり、その中からまた面白い話も飛びだしてきます。

本当は、タイに来たらもっと必死になって仕事をすることになるだろうな、と思っていましたが、物価が安くのんびりしたタイのペースになじんでしまい、あっという間に三年がたっていました。その間は、タイ語を勉強がてら、日本人観光客のガイドを個人的に引き受けて、生活費にしていました。

初めて就職したのは、知人からの紹介で知り合った、日本でも著名なイギリス人アレックス・カー氏のオフィスでした。氏は『Lost Japan』を執筆した作家で、骨董収集家でもあります。日本在住歴が長く、日本語にも非常に堪能なのですが、タイの古美術品にひかれ、タイに住み始めたばかりということでした。

僕は子供の頃から日本の文化に興味があり、お茶や仏画を習ったり、骨董品を収集したりしていました。それで氏と話が合い、「うちでアシスタント的な仕事をしてくれないか」ということになったんです。

担当した仕事は、日本の取引先リストの作成や、日本との連絡、タイや日本での文化イベント、骨董品買い付けの手伝いなどでした。アレックス氏は住居をタイに移しただけで、日本との縁がなくなったわけではありませんから、共に日本へ何週間も出張したこともあります。氏のもとで仕事をしていれば、骨董鑑定の目を養えるだろうな、という期待で楽しかったのですが、どうも自分はいろいろなものに拘束されるサラリーマンには向いていない、そう思って辞めることにしました。

その頃から、やはり知人からの紹介を通して、日本で何件ものブティックを経営している女性経営者と知り合いになりました。彼女はアジア各国から衣類を輸入しており、「育ててあげるから、これはと思った商品の買い付けをやってごらんなさい」と言ってくれました。それで、ウィークエンドマーケットの開かれるチャトゥチャックやプラトゥーナム、ボーベーなど、タラート（市場）や問屋街をこまめに回り、良いものを探し歩くようになりました。当然、日本で売れる商品を探さなくてはなりませんが、これもいろいろな人から情報をもらい、「今はこんなのが日本で流行ってるよ」などと教えてもらって参考にしています。

でも、最初はデリバリーが遅れたり、不良品だらけだったり、発送した中身が違っていたりとさんざんでした。これはタイのお国柄で、バイヤーがいつも頭を抱える問題ですが、幸いなことに、その女性経営者はアジアの事情を分かっている人だったので、信用を失うこともなく、最初は数百枚単位だったものも、今は二万枚、四万枚という単位で取り引きしてもらっています。近い将来は、工場を探して、自分でデザインした服も作らせる予定です。タイ人は手先が器用で、服作りに関しては昔から定評があるんです。商品の単価は、タイで六〇〜一〇〇バーツ程度のものが主流。これは勉強という意味合いが強いので、純利益のうち三%だけが自分の収入となり、タイでの運営費や輸送費などは経費で落としてもらっています。

また、アレックス氏と日本へ出張した時に知り合った、グラフィック・デザイナーの男性が所属する会社とも、一緒に仕事をすることになりました。エレファント・トレーディングという会社なんですが、そこでホームページを開設し、僕が買い付けた商品をネット上で販売するというものです。まだ始まったばかりでこれから、という段階ですが、おもちゃっぽい指輪・ブレスレットから、籐製のカゴ、インドの神様がプリントされたTシャツ、レプリカ石板に仏教絵画が彫られたインテリアなど、三〇種類以上を販売しています。つい最近、写真を送ってくれれば、その写真を手描きの絵に仕上げるというサービスも開始しました。タイ人の絵描きは優秀で、どんな絵でも三日ほどで仕上げてしまいます。今はプロに頼んでいますが、そのうちアトリエを開き、学生に描いてもらってコスト削減を狙おうと考えています。この仕事は、売り上げの七〇%が自分の利益となります。これからは、もっと新商品を開発して、どんどん販売していきたいですね。

こうした仕事は、タイだということもあって、とにかくコネクションが最も大切になります。日本人だけではなく、タイ人との交流も欠かせません。人とこまめに会っていれば、ひょんなことから仕事の話が舞い込んできたりするもの。輸出の仕事ばかりでなく、本当にいろいろな話が来ますよ。それをひとつひとつ実現していけば、タイで暮らしていけるだけの充分な収入は得ることができると思います。

何かこれから商売をやりたいと考えている人は、タイに来てみるべきです。まだまだここには、チャンスがたくさん転がっていますから。それに、タイ社会は階級が厳しいですが、その中で外人はニュートラルな位置にいられる。それは、言い方を変えれば、どんなことにでもチャレンジできる、ということでもあるんです。

商売のことは、いつもエラワンの神様(そごうデパート横の有名な祠)に祈りを捧げて、お願い事をしています。こうなったらいいな、と考えていたことが、その次の瞬間には実現している。そんな不思議体験も、タイならではなのかもしれません。

タイには自分が納得するまで、ずっと住み続けることになると思います。日本に戻ってもサラリーマンには絶対になれませんし、タイ社会に完全に溶け込むこともできません。ですから、華僑のように仲間を大勢作って、かつての日本のブラジル移民のような心意気で、海外でずっと生活していこうと思っています。

DATA:エレファント・トレーディングのホームページ　URL: http://www.elephant-com.co.jp/trading/

美容師
三浦徳彦
Norihiko Miura

夢はタイに最先端のファッションを広めることです

一九六二年一〇月三日生まれ　宮崎県出身
◎真野美容専門学校卒（東京都新宿区）　九九年二月来タイ、美容院オープンは九九年三月から
◎勤務先：三浦ノリヒコ美容室（スクムビット・ソイ二三、スタッフ四人、うち日本人は彼一人）
◎肩書き：代表取締役
◎住まい：スクムビット通りのコンドミニアムに夫人の和代さんと七か月になる娘、舞子ちゃんと三人暮らし

もともと母が美容師で、自分の店を構えていたので、子供の頃から「僕は長男だし、母の跡を継ぐんだ」と素直に考えていました。それで、高校を卒業後に上京して美容学校に進み、そのまま銀座の「ヘアショップ　ＳＨＩＭＡ」という美容院で働き始めました。

東京で五年ほど働いてから、実家の宮崎に戻って母の店を一年ほど手伝いましたが、勉強のためにパリに二年、ドイツに一年ほど住んで美容師としての腕を磨き、また台湾に自分の店をオープンして海外での経営も経験しました。残念ながら、台湾は法律上で厳しい規制が多く、二年ほどで店をたたむことになりましたが。

タイは二〇歳ぐらいから何度も旅行した国で、物価も安いし、おもしろい国だな、と気に入っていました。そうして何度か訪れるうちに、タイで商売をしている香港人と友達になり、彼から「タイで美容院をやってみてはどうか」と勧められたことが、この国へ来るきっかけとなりました。

若い頃は、世界の流行の発信地であるヨーロッパやアメリカに憧れるものですが、ある程度の年齢になったら、店の経営、そして利益を上げることを第一に考えなくてはなりません。そのため、ヨーロッパから引き上げて実家の店を手伝い、支店も二つオープンさせました。しかし、何と言うか、日本で働くことの限界が透けて見えてしまったんです。それで、事業の発展が期待できるアジア、中でも上海かバンコクに三つ目の支店を出せたらいいな、と考えるようになったんです。上海も市場調査に二回ほど出かけましたが、いろいろな意味で遅れすぎていて、まだ僕ら外国人が働ける環境ではなかった。それでタイにしよう、と決めたんです。

母は、息子のタイ行きには反対でした。「日本にいてこの店を手伝ってくれれば、それでいいじゃないか」と言われましたが、実家の店のスタッフは皆技術力も確かで、信頼できる人たちばかり。だから、彼らに任せて大丈夫だと判断しました。何より、大きな夢を実現するためには、海外に出たほうがいいと思いました。

タイは上海よりは発展していますが、日本と比べたらまだまだ田舎っぽいし、技術的にも遅れています。

ます。

だから、材料や必要な機材はすべて日本から輸入し、日本と全く同じ環境を整えてお客様をお迎えしてい

開店資金は、これら機材の輸入費、店の工事費、家賃、ビザ関係などすべてを含め約一五〇万バーツ（約五〇〇万円）ほどかかりました。これは、僕の九州の田舎に店を出す場合とほぼ同程度の額。僕がもう少しタイのことを深く知っていたら、家賃の交渉の際などに役立って、もっと安く済んだかも知れませんね。

タイに株式会社を設立する際は、外国人は四九％の株しか持てない法律があります。ですから、設立に必要な株主七人のうち、僕を除いた残り六人は全てタイ人です。しかし、出店の計画から開店、その後の店の切り盛りなど、経営に関することはすべて僕自身がやっています。

開店の準備段階で、トラブルもありました。店の工事をしている頃、僕は日本にいたんですが、なかなか思うように工事が進まなかったんです。工事の内容も、日本の常識とは大きく異なっていて、たとえばコンセントの場所などは、日本なら依頼主が何も言わなくても、必要な場所に必要な数だけ設置してくれるものです。しかし、タイの場合は「ここと、ここと、ここに設置して」と、いちいち細かい指示を出さなくてはならず、それがコンセントの問題だけじゃなかったので、とても神経を使いました。

また、タイ人スタッフを採用する際も、つい日本の常識で考えてしまい、後で困ったことがありました。「私は経験があります。美容師としての腕があります」と本人が言うのを鵜呑みにして、高い給料で採用した子がいたんです。ところが、実際に使ってみると、日本でなら見習い程度の腕しかなかったんですね。タイには美容師の国家試験がありませんから、本人の言う「できる」がどの程度のものなのかを、この国では必ず確かめる必要があると思いました。

ただ、タイ人スタッフは手先が器用なので、仕事によっては日本人よりも巧くこなせるものもあり、一緒に働いていて特に問題は感じません。

店の営業内容は、ヘアに関すること全般と、メイク、フェイスエステまでをフォローしています。日本人の経営なので、やはり日本人のお客様が九割、残りがタイ人または外国人といった割合です。

タイで仕事をする上で大変なことは、材料がすべて日本からの輸入品のため、税金や運賃がかかってコストがかかること、そして言葉の壁があることとくらいでしょうか。長く外国に住んでいたので、生活していく上での違和感のようなものはないですね。幸い、妻もバンコクでの生活に不自由を感じていない様子なので、とても助かっています。

こうしてせっかくタイで仕事を始めた以上は、ちょっとカッコ良すぎるかも知れないけど、「タイのファッション界を高めていく担い手」になりたいと思っています。そのためには何より人材の育成が大切ですから、ゆくゆくはタイに美容学校を設立したいと考えています。

趣味はゴルフ。でも、まだ店をオープンしたばかりなので、休みをとるわけにもいかず、ずっとおあずけの状態です。また、収入に関しても、今のところ、まだまだこれからという段階です。

もし、美容師でタイに仕事に来たいという日本人がいたら、「一緒にタイに日本のファッションを広めていこうよ」と言いたい。タイは中国や台湾ほど規制が厳しくないし、何か夢を持っている人には住みやすい所なんじゃないかな。

DATA：三浦ノリヒコ美容室 Young Place 2F, Sukhumvit Soi23, Klongtoey, Bangkok 10110 Tel./Fax. 662-1845
シャンプー・カット600バーツ、パーマ1800バーツ、ヘアカラー1500バーツ他

イラストレーター
あべきょうこ Kyoko Abe

母をテーマにした絵を描き続けていたい

一九六七年二月二四日生まれ　大分県出身
◎九州デザイナー学院編集デザイン科卒　九五年一一月来タイ
◎肩書き：フリー・イラストレーター
◎住まい：スクム・ビットソイ六三（ソイ・エカマイ）のアパートにタイ人のご主人マンコーンさんと娘のひなのちゃんの三人暮らし

二八歳の時に初めてタイへ旅行して、「この国の空の色は、黄色とオレンジだ！」と思ったんです。街の風景のさまざまな色合い、果物の形などが、自分の考えていたものとぴったりマッチして、とても感動しました。それ以来、二か月に一度は一人でタイへ行き、街の中の風景や人物の絵をスケッチして回っていました。

私は二三歳ごろからフリーのイラストレーター

として独立していて、『キャンキャン』や『ノンノ』など、女性向け雑誌のカットを中心に仕事をしていました。だから時間が自由に取れて、タイ旅行にもひんぱんに行けたんですね。この際、言葉も習っておいたほうがいいと思い、地元のタイ語学校へ通い始めたのですが、そこで今の主人と出会うことになり、タイとは切っても切れない縁で結ばれることになりました。

ある日、タイ語の先生が「ユニークな名前のタイ人がいるよ」と言って、九州大学の微生物学部に留学しているという彼を、私たち生徒に紹介してくれました。マンコーンという名前は、タイ語では中国神話の竜の意味なんですが、日本語にするとちょっとアブナイ(笑)。それはさておき、初めて彼に会った時から、「優しそうで、家庭的な雰囲気の人だなあ」と思っていました。それが、何度か会って話すうちに、「この人以外に結婚相手はいない」としか思えなくなり、私のほうから積極的にアタックしていました。

タイ人と結婚すると聞いて、母はすごくショックだったみたいです。日本のテレビでは、タイは秘境の地、みたいなイメージで紹介していますよね。だから、母はジャングルの中で真っ黒い顔をした現地人が、虫を調理して食べている、みたいなことを想像したようです。でも、実際に彼を家に連れてきたら、中国系なので日本人と変わらない顔立ちだし、日本語をぺらぺら話したので、「あらっ」という感じで、すぐに認識をあらためてくれたみたいです。

結婚が決まった時、二人で日本に住むという道もあったんでしょうけど、彼の仕事のことを思えば、タイに住むのが一番でした。でも、自分自身のことを考えたら、やっぱり不安もありました。その頃は、小学館の絵本大賞や、大丸のアート賞などをいただいて、さあこれからだという時だったので。でも、イラストはタイでも描けますから、どうにかなると思い、タイ行きを決めました。

ところが、タイに来てから主人に、「イラストを描くのはやめて、専業主婦になってほしい」と言われてしまったんです。主人の家族は、昔ながらのしきたりを重んじる華僑系で、彼らは「外国人はヨソ者」という認識が強いんです。ましてや、主人と私の二人暮らしではなく、彼の両親、弟、妹三人の計八人で暮らすことになりましたので、すでに確立された大家族の中に飛び込んでいかねばなりません。日本と同様、タイでも嫁は気を使わなくてはならない立場でしたから、とりあえず主人の言葉に従うことにしたんです。

主人はカセサート大学の農学部の講師となり、研究対象の微生物や発酵について教鞭をとる毎日です。私は主婦として家の中の仕事を引き受けましたが、最初は生活習慣がまったく違うので大変でした。それは洗濯の仕方、包丁の使い方、掃き掃除の仕方など日常生活の細部にまで及んでいて、その方法が彼らの信仰する仏教からくるものであったりするので、手を抜くわけにもいきません。でも、そのしきたりを理解して慣れてみれば、さほど大変な作業とは感じなくなりました。

大家族の中で共に暮らすという生活に慣れていなかったので、戸惑うこともありました。たとえば、私たち夫婦の部屋はあっても、その中で食事をすることは許されず、おやつに何か軽くつまむ時でも家族みんなで一緒に食べるんです。私が持ってきた日本食も、みんなで分けあうのは構わないのですが、タイ人の口に合わないことが多いし、平気で「まずい」と言ったりするので、苦笑するしかありません。ただ、そんな中から、お互いに助け合い支え合って生活していく、という大家族の素晴らしさも肌で感じていきました。

ところが、仕事を辞めて専業主婦の生活を続けていくうちに、自分に自信をすっかり失ってしまったんです。どんどん卑屈になって、たまに外に出てもオドオドするばかり。そんな自分につくづく嫌気がさしてしまい、タイに来て一年半ほどたってから、思い切って仕事を探しに外へ出かけるようにしました。主人は最初困っていたようですが、行き場のないストレスを彼にぶつけることがなくなると、彼も「ああ、このほうが良かったんだな」と思ってくれたようです。

最初に自分の絵を見てもらったのは、日系の広告代理店でしたが、どこへ行っても日本人に会うことはできませんでした。しかも、タイの担当者は一様に、「イラスト、記事、編集、アートワークまでを含めたトータルで引き受けてもらえないと。イラストだけ持ってこられても、仕事はありませんよ」とおっしゃいます。タイは、イラストレーターという職がなく、絵を描くなら画家か漫画家になるしかないと知り、とてもショックを受けました。

それからは日系のミニコミ誌にイラストを載せたり、画廊に絵を置かせてもらったりしましたが、ほとんど収入にはなりません。そんな折に妊娠し、九七年に女の子を出産しました。日本名はひなので、タイ名はカノムパン（パン菓子という意味）です。

タイのお母さんに、「妊娠中に食べたいと思った食べ物の名前をつけなさい」と言われて、一番可愛らしい名前を家族みんなで話し合って選びました。

まだ欲しくないな、と思っていた子供も、いざ産まれてみると本当に可愛いものです。母親としての自覚ができてからは、絵に関しても「母」というテーマに惹かれるようになりました。もともと、女の人を描くのが好きでしたが、赤ちゃんを抱いているふくよかなお母さんとか、そういう図柄により興味を抱くようになりました。

子育てをしながら仕事を続けていくうちに、おかげさまで、地元の新聞・雑誌各紙で私のイラストの紹介をしていただいたり、日本人会会報『クルンテープ』の表紙に使っていただいたりして、少しずつ仕事の広がりが生まれました。オリジナルの絵も売れ始め、今ではある程度の収入は確保できるようになりました。絵はだいたい一か月に一度のペースで仕上げています。お客様の注文も受け付けているんですけど、日本の方はタイの風景を、タイの方は自画像を、西洋の方は女性の絵を希望されるんですね。こういうところにお国柄が出るなんて、とてもおもしろいなあと思いました。

絵は、A3サイズくらいのキャンバスに、リキテックスとアクリルガッシュという画材を使って描いています。絵のサイズは、このくらいが自分にとって最も描きやすすですね。ちょうど目の行き届く大きさで疲れないいし、完成させるまで、どこへ行くにも肌身離さず絵を持ち歩くので、あまり大きいものだと不便なんです。本当は、大きい絵を描くほうが楽しいんですよ。それに、もっとたくさん絵を描きたいとも思いますが、子供がいて、出来る限り一緒に遊んであげたいので、今のところ一か月に一枚が精一杯。でも、絵の一枚一枚には、その時の自分の精神状態や、周囲の状況などが反映されていて、まるで絵が日記帳のようなんです。だから、どの絵もすべてが愛しくて。絵を画廊に渡す時は、まるで自分の娘を嫁に出すような気分を味わっています。描いた絵はすべてポストカードにして販売していますが、カードの良さは、今まで描いたものが常に自分のまわりをうろうろしてくれること。カードの売り上げ枚数によって、どの絵が人気があるかもわかるので、参考にもなります。

これからも、タイでずっと絵を描き続けていき、いつか絵本を描いて子供にプレゼントしたいと考えています。子供はもう一人は欲しいですね。私は次も女の子がいいんですけど、主人と家族は家の跡継ぎが欲しいから、男の子が欲しいと言っています。

タイ人の家族というのは、日本よりもはるかに結びつきが強く、家族揃って行動することがひんぱんにあります。その分、ケンカすることもしょっちゅうですが、いざ困った時に、誰よりも私を助けてくれる存在でもあります。外国人ですから、とことん身内にはなれないでしょうけど、このまま家族みんなと仲良くやっていけそうです。現在は、子供を日系の保育園に通わせるために、保育園近くのアパートを借りて三人暮らしをしています。主人は家事を手伝うことにあまり抵抗がないようで、だいたい夕方六時半頃に帰ってきて、買い物や皿洗い、たまに料理を作ったり、子供の面倒もみてくれます。

大家族で暮らすのは、お互いに助け合える家族がたくさんいるという喜びが、親子三人の暮らしには、誰に遠慮する必要もないという気楽さがあり、どちらが良いとは一概には言えません。多分、主人の家族の住む家の近所に主人と子供と住んで、つかず離れずという状態が一番いいのではないでしょうか。

子供を日系の幼稚園に通わせているのは、日本のおじいちゃん、おばあちゃんともお話をしてほしいから。でも、小学校にあがったらタイの学校へ通わせるつもりです。タイの子供は両親をとても大切にするので、子供をタイの環境の中で育てるのは、良いことだと思っています。

DATA： あべ きょうこさんの絵を扱っている画廊、その他
◎アコ・コレクターズ・ハウス　919/1, Sukhumvit Rd.（between Soi 49-51）, Bangkok 10110 / Tel. 259-1436
◎東京堂・スクムビット店　593/23-24, Sukhumvit Soi 33/1, Bangkok 10110 / Tel. 260-3296
その他６支店でポストカードのみ販売
◎バンコク内の各ホテルでもポストカードを販売

ジュエリー・デザイナー
岡村智恵子
Chieko Okamura

タイのおおらかさの中で働ける私は幸せです

◎一九五七年三月二九日生まれ　埼玉県出身
◎武蔵野美術短期大学工芸デザイン科卒　九二年来タイ
◎勤務先：Ｂｅａｕｔｙ Ｇｅｍｓ Ｇｒｏｕｐ
◎肩書き：嘱託
◎給与：歩合制
◎住まい：バンコク市内のコンドミニアムにタイ人のご主人と二人のお子さんの四人暮らし

私は子供のころから絵を描くことや工作が好きで、いずれデザイン関係の仕事につきたいと子供心に考えていました。高校卒業後、まずは基礎からということで、専門技術や知識を学ぶことができる武蔵野美術短期大学に入学。デザインもさることながら、宝飾品の製作にも関心がありましたので、工芸デザイン専攻で金工を学ぶことにしました。まず基本のデッサンから入って、彫金、鍛金から鋳造まで、およそ一通りの金工、工芸技法を学び、卒業製作では鉄を使った照明のオブジェを制作しました。

卒業後はとりあえず、照明関連の会社に入社しましたが、仕事帰りにスタジオZORROというジュエリーのデザイン制作を行うアトリエに通っているうちに、そこへ転職することになりました。ここでは宝飾品の加工、リフォームや工房での各種工程、溶接など、学校では教わりきれない、より実践的な製作技術を仕込まれ、デザイン以外の技術を身に付けることができました。今思えば、こういった製作技術を身に付けられたことが、宝石デザインをする際にも非常に役に立っています。

工房を行き来する生活は私にとって望んでいたことでもあり、やりがいのあるものでしたが、三〇歳になって、一つの壁に突きあたりました。もともとデザインを志していたこともあって、自分で何かやってみたいという気持ちがだんだんと強くなってきていたのです。私の好きなデザイナーの方で朝山早苗さんという先生がいらっしゃいますが、彼女も三〇歳になってからイタリアの宝飾専門学校に入学し、後にデザイナーとして大成された経歴を持っています。

そこで奮起して、初めてデザイン・コンテストに応募することを決心し、手始めに朝山先生も審査員をされている「現代宝飾デザイン展」に応募してみたのです。デザイン画を送ってみると一次選考にパス。二次選考にはそのデザインの宝飾品を自分の手で製作して出品すると、結果はなんとグランプリ。通産大臣賞を受賞し、賞金も一〇〇万円いただいてしまったのです。良いことは重なるもので、その後いくつかのコンテストに応募するたびに、入選を果たすことができました。

しかし、段々とコンテストへの応募だけでは飽き足らなくなり、スランプに陥ってしまい、やがて昔から憧れていた海外で働きたいという気持ちが、頭の中を駆けめぐるようになりました。ちょうどそのころ、たまたま知人の宝飾デザイナーがバンコクに駐在となっていましたので、その境遇を羨ましく思ったりしたのです。

九一年には長く勤めたスタジオZＯＲＲＯを退社し、同業の知人のいるタイ行きを決めて、バンコクへの駐在を前提にロイクリエーションという会社に移りました。しかし、そのころの私にとって、タイはあくまでもヨーロッパへの中継地点という存在でしかなく、ここでチャンスをつかめるかもしれないという思いの方が先行していました。しかしともかく、念願の海外行きということで心は高鳴りました。

母親はタイへ行くことに難色を示しました。渡航までの一年間は準備期間として日本の会社で働き、その後タイへ行くことになっていましたので、一年かけて母親を説得し、行く前の日にようやく了承を得ることができたのです。その一年の間に日・タイ経済協力協会などへ通い、タイ語を勉強してタイ駐在の準備を整えました。

九二年、ついにタイ、バンコクに駐在。私の仕事は日本からのオーダーを受け、タイの工場での製作を指示したり、輸出向けの商品の製造管理とデザインが主な仕事でした。ロイクリエーションが提携しているBeauty Gemsというタイ宝石業界大手の社内にオフィスを設け、デザインをしたり、工房で職人さんたちに指示を与えたりの日々です。

日本でタイ語を習っていたとはいえ、生のタイ語は難しく、最初のうちはコミュニケーションをとるのがとても大変でした。なにせ私ひとりだけの駐在事務所でしたし、しかも日本サイドへの対応は納期が短く、検品も厳しかったので、本社とタイの会社の板挟みで、非常にきつかったのです。

しかし、そうやって試行錯誤を繰り返すうち、だんだんタイの人の性格が読めるようになってきました。

今ではある程度、仕事の先読みすることができるようになり、トラブルを見越して仕事を計画することで上手く対応しています。

どちらかというとヨーロッパに目が向いていた私でしたが、実際のタイに触れて、この国の良さを感じ始めました。私はタイの何でも受け入れてくれるおおらかさや柔軟性が好きで、その懐の深さには本当に感心させらます。そんなことからでしょうか、何年かするうちにタイの職人さんたちともコミュニケーションがとれるようになり、最近はこちらのイメージを非常に上手く表現してくれるようにまでなりました。

タイは仏教国で、もともと仏像などを作る上で伝統的に彫金や鋳造技術があり、その上、サファイヤやルビーなどの宝石が産出されるので、宝飾技術は歴史があり、今は世界的に見てもかなり高い水準にあります。その技術が買われて、諸外国からの宝石加工の注文が三〇年ほど前から行われてきました。自国でも宝石を産出しますが、流通の中継地として世界から様々な宝石がタイに集まってきます。

こんなタイですから職人のレベルは高く、オーダーを出すとこちらのデザインイメージを受け入れて、さらに膨らませていいものを作ってくれるのです。実は、私の母の実家はお寺なのですが、幼い時から見慣れている伽藍の装飾などのきらびやかなものへ、憧れがあったのかもしれません。仏教国たるタイとはそんな意味でも波長が合うのでしょうか。またそういった仏教芸術への憧れが、潜在的に今の仕事を選択させる原因の一つとなったのかもしれません。

いつからかタイに定住したいと考えるようになり、縁があってタイの人と結婚することになりました。彼の職業は撮影コーディネーターです。ＴＶドラマ、映画製作などにもかかわっており、たまに自ら映画やテレビドラマに出演してしまうこともあります。知人のカメラマンの紹介で知りあったのですが、最初のうちはまったく気にもとめない関係でした。ところが、九二年にクーデターが起こった時、彼が取材の現場から実況中継報告のかたわら、心配して私の家に頻繁に電話してくれたのです。これがつきあうきっかけでした。

私の両親はタイ行きを反対していたくらいですから、外国人との結婚は反対されるものと思っていましたが、意外とあっさり承知してくれました。両親はタイに私を訪ねて来て、実際のタイの国と彼を見て、ここなら大丈夫、彼なら大丈夫と思ってくれたようです。

タイのおおらかさは職場でも強く感じます。タイには女性が働きやすい環境があると思います。たとえば、女性にとって避けられない妊娠、出産ですが、タイは日本に較べて街中や職場で妊婦さんの姿が目立っています。日本ならおおげさなマタニティードレスを着て出社することはまず敬遠されがちですが、タイではそれは当たり前のこと。これは、妊婦だからといって、日本のように周囲から特別視されるのではなく、逆に周囲がいたわってくれるという環境があるからです。まだそれほどお腹が目立たなくても、早いうちにマタニティードレスを着てしまうのは、はっきり妊婦だとわかりやすくしているわけで、日本とはだいぶ感覚が違っています。

また、結婚しても、子供を持っても、以前の職場に復帰した時、居づらいといった感覚はなく、次は誰かの番といった感じで助け合うのです。そして、タイは子供好きの人が多いですから、ちょっと職場に子供を連れてきたぐらいで、目くじら立てるようなことはありません。

また、目上の人を敬うというのにも感心します。せっかく経済大国、長寿大国になったといっても、日本では介護に疲れ果て、お年寄りが自ら人生を終わらせてしまうというような悲しいこともあり、これが豊かになった結果とは思えない部分があります。その点、タイは目上の人を大切にし、お年寄りの面倒はよく見ますし、まだまだ助け合いの精神は生きているのではないかと思います。

私は欲張りですから、これからも母であり、妻でもあり、仕事もして、色々な顔を持ちながら、楽しく過ごしていきたいと思っています。そんな私に、タイという国は適していたのかもしれません。また、タイと日本との掛け橋になるようなことで、何か役にたてればとも思います。

次男の出産を機に九八年、ロイクリエーションを辞め、今はBeauty Gemsの嘱託となりました。これで日本からの派遣ではなくなったわけです。今後は念願だったジュエリーのデザインに重点を置いて、タイで頑張っていきたいと思っています。そしてまた、自らの手で制作加工も手掛けたい思っています。

大手日系企業勤務

杉原生剛

Naritaka Sugihara

本社採用も実力次第、やりがいのある仕事に満足しています

一九六二年六月二五日生まれ　島根県松江市出身
◎筑波大学第二学群比較文化学類、比較・地域文化学専攻アジア研究コース卒業　八八年一二月来タイ
◎勤務先：ユニ・チャーム・タイランド株式会社勤務（チャチューンサオ県バンパコン郡ウェルグロウ工業団地内、タイ人従業員約二〇〇〇人）
◎肩書き：ロジスティックス・マネージャー
◎住まい：ニューペップリー通りのアパート

中学三年生の時に、ボーイスカウトの国際交流でマルコス時代のフィリピンへ行ったのが初めての海外体験です。世界の地理や歴史が大好きで、大学の専攻を選ぶときも就職のことはあまり考えずアジアの比較文化学に進むことにしました。

その頃はちょうど格安航空券が出回り始めた時期で、少しお金をためれば学生でも海外に出かけることができるようになっていました。大学を卒業後も神奈川大学に籍を置いて研究を続けなが

ら、アジアの国々に出かけていました。

そんな折、知り合いを通じてタイのチュラロンコン大学のアジア学研究所に勤務する話が舞い込んできました。やはり研究を続けるのならアジアが一番、ということで迷わずタイでの研究所へ就職しました。

当時は、プラザ合意以降の円高を受けて多数の日系企業がタイへ進出してきた時期で、タイの商務省や投資奨励委員会などから「なぜ日系企業が他国ではなくタイへ進出するのか」「日系企業の中でも特定業種の進出率が高い理由は何か」といった委託研究が大学に多数来ており、研究員の需要がありました。私の役目は調査・研究結果をレポートにまとめることや、タイで遅れていた統計類の整備で、来タイ以来五年間この研究所でお世話になりました。


仕事のかたわら国際関係学の研究も続けましたが、特に興味を持ったのが隣国のカンボジア。アンコール・ワットに代表される数々の遺跡で有名ですが、あれだけの素晴らしい文化を持つ国が、なぜ今になって戦争をするのだろうと、ベトナムによる侵略や難民のニュースを聞くたびにそう考え続けてきました。当時はカンボジアへの入国はできませんでしたから、タイが情報の発信基地になっており、バンコクからカンボジア国境へ足を運んでは、現地の最新情報を収集していました。

そうした経緯もあり、研究所を辞した後は非営利団体（NPO＝Non Profit Organization）で難民救援の仕事を手伝うことになりました。主にプロジェクトの立ち上げや、国境を越えての物資の輸送、帰還難民の定住の支援などを担当して多くの経験を積むことができました。

研究にそろそろ一段落つけようと思い始めた九七年、これまでの経験を生かし、物流に関する専門的な知識を得られる泰国日本郵船に就職。その後、原材料の買い付け、輸出入、生産・在庫管理、流通全般に関してより多くのものを学べるユニ・チャーム・タイランドに転職しました。ここでは、女性用の生理用品を主に生産していますが、最近では子供のおむつの生産・販売にも着手しており、これらの総合物流の責任者として働いています。

工場で働く面白さは、動く物量と規模の大きさにあると思います。膨大な量ですから、これをどのように管理していくかが腕の見せ所で、これでコストが随分変わってきます。いかに効率よく手配していくか、この会社に入ってから毎日が勉強の連続です。

労働条件は、タイ人に準じるというのが基本。休みは隔週土曜と日曜日、有給休暇は一年目が六日で、勤続年数に応じて増えていき、長期休暇を取りたい場合は休みをまとめてもらうこともできます。その他、健康保険、年に一度の健康診断なども、タイ人従業員と同様に受けられます。

材料の搬入などが予定時間に行われない場合も多く、税関の都合で就業時間がまちまちになるので、通勤用に自動車を貸与してもらっています。アパートから工場までは片道五〇キロほどあるので、不便だと思われがちですが、時間でいえば片道一時間ほどしかかかりません。都心でも渋滞になれば一時間ぐらいあっという間ですから、十分に通勤範囲内にあると思います。

ユニ・チャームでは、他の会社と同様に自社の企業精神を打ち立て、従業員の指導・教育にあたっていますが、この会社独自のものに、「原因自分論」というのがあります。物事の原因と責任は全て自分にある。自分の非力さに原因を求め、他に責任を転嫁しない。原因を自分に求めることにより失敗の教訓を生かすことができるという考え方です。何かトラブルが発生した場合に、原因を自分自身の行動の中に求めていき、決して他者の責任にしないという、働く上での基本姿勢です。日本人の発想ですからタイ人に理解してもらうのは難しいかも知れませんが、タイの工場内でも採用しています。

　確かに仕事は厳しく、私もいつのまにか痩せて一一年前と同じ体重に戻りましたが、今の仕事は自分の性に合っているようで、非常に充実感があります。

　また、何といってもこの会社の良さは、現地採用の外国人にも本社採用の道が開けていること。人材をグローバルに発掘するというのがこの会社の方針で、それは国籍、性別、宗教を問いません。中国や台湾国籍の優秀な現地スタッフが、本社で改めて採用となり、自国に戻って働くケースも既にいくつかあります。私もこれから頑張ってポジションをあげていかねばなりませんので、こうした社員に対する会社の受け入れ体制は、素晴らしいことだと思います。

　もし、工場で働いてみたいという方がいらっしゃるのなら、このように幅広く人材を受け入れる器のある、優良な会社を選ぶべきだと思います。

　忙しい毎日ですが、日曜日はたいていゴルフをしています。最初は年寄りのためのスポーツだと思っていましたが、実際に始めてみるととても面白い。カラオケや麻雀と同様に社交にもなりますし、タニヤなどに飲みに行くよりも、よっぽど経済的かつ健康的。一〇〇は既に切っているので、最近は九〇を切ることが目標です。また、長年続けてきた研究に関しては、忙しいので続けられませんが、これは老後の楽しみにでもとっておこうと思っています。

　工場で働く上で必要になるのは、まず、タイ語と英語。タイ語はタイ人の友達との会話や飲み屋で得たものでは役に立ちませんから、最初にタイ語学校に通うか、経験のある家庭教師に教わった方がいいと思います。

勤務中の会話はタイ語が基本ですが、書類はすべて英文となりますので、英語の読解力も必要です。それに加えて何か自分の得意分野を一つ持つことです。それは言葉であってもいいし、私のように物流に関する知識や経験でもいい。それを働きながらいかに深めていくかが、工場で働く者に与えられた課題だと思います。

日本は貿易立国として成長を遂げ、外国資本を積極的に受け入れてきたタイとは、経済面でも長年にわたり協力関係を築き上げてきた。八五年のプラザ合意以来、メーカーを中心として日本企業が続々とタイに進出、バンコク近郊の工業団地を中心に、日系各社の工場が次々に設置された。

タイが経済危機を迎え、その勢いは弱まったものの、高騰を続ける円高情勢など

業界事情

工業団地

■ 技術を生かせ、手堅く需要も多い ■

から、生産基地と戦略拠点を海外に求める必要のある日本企業にとって、タイは今なお重要拠点なのだ。

工場における勤務は、他業種に比べてかなり需要がある。男性なら生産管理や営業、女性なら事務系の仕事が主で、ここ数年はコスト削減を目的に、駐在員の派遣を控えて現地採用の日本人を採用するケースが増加している。現地採用の日本人は、現地の言葉や事情に通じているというプラスアルファがある上、給与は駐在員の半分で済むため、大きな日系工場なら現地採用が一〜二名はいるというのが、今では常識である。

給与は、三万から一〇万バーツぐらいまで。工場がバンコク中心部から離れているため、求職者から敬遠されがちなこともあり、給与に付帯される条件は悪くはない。通勤に不便なことから、管理者クラスになれば、車が貸与されることも珍しくない。車を使えない場合は、会社が用意した送迎の車で他の従業員とともに通勤するか、もしくは会社が通勤に便利な場所にあるアパートを貸与してくれたりする。

大手の日系企業においては、その会社独自の企業精神や技術があり、また工場勤務の場合でも担当分野によって必要となる専門知識もそれぞれに異なっている。杉原さんのインタビューでも触れられていた通り、それをいかに自分の中に吸収して実務に役立てていけるかが鍵となっている。

本社採用の駐在員から現地採用に業務をシフトしていくことも、実際にはこうした仕事の責任に対する認識度が重要になってくるため、なかなか難しい問題である。

NGOワーカー

中原亜紀

Aki Nakahara

人類の本当の幸せと豊かさを求め、ボランティア活動を続けていきます

一九六九年一〇月三日生まれ　福岡県出身
◎明治大学文学部フランス文学科卒　九三年来タイ
◎勤務先：シーカー・アジア財団
◎肩書き：スラム地域開発事業担当
◎労働条件：月一五万円（現地支給三万円、残りは日本にて支給）
◎住まい：スクムビット通りのアパート

高校生のころの私は流行にとても敏感で、ファッション関係の雑誌を読みあさる毎日でした。当時は大学には行かずに、そのままデザイナーの道に進みたいと思っていましたが、「大学へ行ってからでも遅くはないのでは」と親から説得され、とりあえず進学する決心をしました。専攻は、デザインの本場・フランスに行って勉強することを考えて、明治大学のフランス文学科に入学することになりました。カミュなどのフランス文学がま

ったく私には合わなかったものの、大学で得たものは大きく、両親の忠告を受け入れたのは正解だったと思いました。

そんな私に転機が訪れたのは、大学三年生の時でした。夏休みにアメリカのマイアミ州セントピーターズパークにホームステイで語学留学をしたのですが、ここで非常にショッキングな経験をしたのです。そのあたりは黒人のコミュニティーが多く、黒人が数多く暮らしていました。毎朝、ホームステイ先のお宅で自転車を借りて学校に通っていたのですが、バスを待っている黒人の子供たちの前を通りすぎようとすると、彼らは決まって「黄色人種!」と罵ってくるのです。白人から差別される人たちから、さらに差別を受ける。この経験は、私の中にさまざまな疑問を生じさせることになりました。この時から、差別の問題について真剣に考えるようになり、いろいろな関係書物を読みあさったのです。これらの書物を通して、NGOなどの活動に関心を持つようになり、いつしかNGOや援助協力機関で働いてみたい、現地の現場で活動してみたいと思うようになりました。

とはいっても、実際にNGOで働く気持ちにはまだ至っていなかったので、就職活動ではマスコミ関係の会社を回りました。NGOの活動や社会問題などのドキュメントを製作してみたかったのが大きな理由で、そういった点に関心の深い女性社長がいらしたデコ企画という製作会社に就職が決まりました。しかし、働くうちに、現地の状況や人々を知らない人間が作る番組では、なかなか真実を伝えるのは難しいと思うようになり、わずか三か月ほどで退職。まずは自分で体験しなければと思い、また若いうちでなければボランティアなどの活動は難しいと思い、海外でのボランティアを志すことを決めました。日本国内に本部や支部のあるNGOなどの団体を回りましたが、経験もない私では派遣員になるのは難しく、まず現地を自分の目で確かめてから、現地のＮＧＯなどでの活動に入っていこうと思いました。

ホームステイや旅行で海外へ出たことはありましたが、自分一人での本格的な長期滞在はまだ経験がありません。まずは一年ぐらい働きながら滞在してみて、自信がついたらボランティアやＮＧＯ活動に移行することにし、海外で就職しやすい日本語教師の勉強をはじめました。日本語教師養成短期講座のある専門学校で同講座を受講して、四二〇時間の課程を終えて日本語教師の免許を取得しました。その時、ちょうど学校を通してバンコクのＩＣＬという学校から日本語教師募集があるのを知り、応募してここに就職を決めました。ＩＣＬでの就業条件は、最低一年間の勤務ということで、私にとっては自分を試すにはちょうどいい期間と条件でした。給料は二万五〇〇〇バーツと良くはありませんでしたが、暮らしていくには十分でした。それに仕事が結構きつくて、あまりお金を使う暇もなかったので、給料のうち一万バーツは一年後のボランティア活動時の資金としてプールしていきました。

タイで働くことは思ったよりも快適でした。アメリカでは、やはりアジア系の人は少々窮屈なところがあって住みづらい気がしましたが、タイではどこへ行っても暖かく受け入れてもらえます。働きながらタイに滞在するうち、これならやれると自信もついてきました。半年ぐらいしてからは、余暇を見つけては現地のＮＧＯの事務所を訪ねて、将来のボランティア活動のための準備を始めました。そこで同じ目的を持つ日本人やタイの人々に会い、ＮＧＯの現地での活動や実状を知ることができました。

私は「スラムの天使」と呼ばれているプラティープさんの本『アジアにかかる虹』を読んで感銘を受けていましたので、プラティープさんの主催されているクロントイ・スラムのプラティープ財団にもお邪魔しました。

この財団では、スラムの子どもの教育活動を中心に活動が行われていました。私も子どもたちの教育問題に関心を持っていましたので、ここでボランティア活動をしたい、ここに一緒に住んで、スラムの本当の姿を知りたいと思うようにもなりました。日本語教師の一年の契約が切れて、本格的にボランティア活動に入ろうという時、嬉しいことにプラティープ財団でお手伝いできることが決まったのです。これは本当に嬉しかったです。片言のタイ語しかできなくて、ボランティア経験もない私でしたが、プラティープさんや財団が快く受け入れて下さったことに、今でも本当に感謝しています。また外国人ということからでしょう、ボランティアであるにもかかわらず、少しですがお給料をいただくことができました。

普通では、こういったことはなかなかないものなのですが、住まいもスラム内にある財団のゲストハウスを使わせていただけることになり、財団の厚意に甘える形で私のNGO生活は始まりました。最初のうちは午前中、ユニオンというタイ語学校へ通って、午後は財団でのお手伝いです。財団での仕事は日本からやってくるスタディー・ツアーの受け入れや、財団を支えている外国人ドナーの皆さんとの連絡調整、それと奨学金事業での手紙の翻訳などで、タイ人スタッフの方々のお手伝いをしました。

スラムの中での生活の実状は、外から眺めていた時とかなり違っていました。環境、教育、エイズ、麻薬などの問題が想像以上に深刻で、住民たちは常に危機感を持って暮らしているのです。単に興味本位だったことをスラムの住民に詫びたいと思うほど、甘い考えでいたことを痛感させられました。こうして現実を知るにつれ、自分が何をしたいのか、何ができるのかを真剣に考え、自分の気持ちがしっかり定まっていったように思います。

ある時、日本の高校生のスタディー・ツアーが財団にやって来ました。高校生くらいだと、成熟していない分、出てくる質問がとても素朴なものです。私は彼らを通して、逆に日本が今抱えている問題が見えてくるような気がしました。タイの財団の中で一外国人の私は、ここではサポート役にしかなれず、ボランティアの枠から抜け出ることはできません。このことがきっかけで、日本人として、改めて母国を振り返ってみるようになり、日本でのNGOでの仕事に関心を持つようになりました。

そんな折、同じスラムで活動している日本のNGOのSVA（シャンティ国際ボランティア会）から、うちに来てやってみないかと、お誘いを受けたのです。こうして二年六か月の間お世話になったプラティープ財団を去ることになり、日本サイドに対する働きかけがより可能な、日本のNGO、シーカー・アジア財団（SVAバンコク事務所の現地法人）に移ることになったのです。

現在は、そこでスラム地域開発事業を担当しています。以前に比べると、タイのスラムは良い状態になってきているかと思います。だからでしょうか、日本のドナーの目はそんなタイよりも、むしろ周辺諸国のカンボジアやラオスなどに向きがちです。しかし、現状では、タイの子どもたちや住民たちが抱えている問題もたくさんあり、むしろこれからが大切な時なのです。私はこの現状を日本のドナーの皆さんに正確に伝え、タイにもまだまだ支援が必要なことを訴えていきたいと思っています。

日本人としてタイの人々をはじめ世界の人々とどうつきあっていったらよいか？　生まれ持ったアイデンティティーには当然差がありますが、人間として違いがあるのか？　本当の豊かさとは？　幸せとは？……これからも常にこういった意識を持って、日本人としてたくさんの人々と関わっていきたいと思っています。とりあえず、今はタイにいますが、機会があれば将来的にはアフリカなどの他国での活動もしたいと思っています。

業界事情

NGO

■ 報酬は二の次だが、この経験はきっと役立つ ■

NGOはNon-Governmental Organizationの略で、「非政府組織」の意味。地域開発のための資金や物資の援助、医療、教育、職業訓練、環境保全、難民救済などが主な活動となる。

タイはベトナム戦争やカンボジア内戦などで生まれた難民たちの救援のために、七〇年代にNGOが多数組織され、バングラデシュなどと共に世界でも比較的早くからNGO活動が行われてきた歴史を持つ。欧米系の人権団体や医療系、環境保全などの活動を行うNGOはもちろんのこと、タイローカルのNGOも多数ある。

これらローカルのNGOを引っ張る立場の人々は、七〇年代の学生運動に参加した人々が多い。タイのNGOのレベルは世界的に見てもかなり高く、また評価も高い。他国ではあまり類のない横のつながりがここでは見られ、協力しあって活動することもあり、比較的環境は整っていると言える。

もちろん、日本のNGOも多数タイに進出している。JVC（日本国際ボランティアセンター）とシーカー・アジア財団（旧曹洞宗ボランティア会）はその中でも老舗的な存在。難民救援を目的として一九八〇年にバンコクで設立されたJVC（バンコク事務所 Tel.277-4966）は、今や活動の場を東南アジアのみならず、アフリカやパレスチナなどにも広げ、世界で幅広い活動を行っている。タイではその後、農村開発などを行ってきたが、現在では有機農業の育成を主な活動の柱としており、規模的には縮小された。

シーカー・アジア財団（バンコク事務所 Tel.249-7567～8）も難民救援から始

まって、農村開発、少数民族支援、スラムなどでの教育問題などを主に行っている。クロントイ・スラムでは職業訓練校や移動図書館などもオープンさせ、東北地方や北部の村々でも職業訓練や技術支援などの精力的な活動を行っている。近年はカンボジアやラオスなどにも進出し、各地で地道に活動を続けている。

この二つの団体は実際の活動の場を見学させてくれるので、興味がある人は一度訪れてみるのもよい。この他にも様々な日本のNGOがタイに進出してきている。また、団体という組織ではなく、個人でNGO的な活動を行う人々も地方を中心に多数おり、日本人のワーカーがタイのあちらこちらで活動している。

ボランティア的な活動が多いとはいえ、運営されている財団などから給与が支給されることも多い。専門のプロフェッショナル・ワーカーは、ある意味では会社に勤めているのと同じような感覚で働くことになるが、給与はさほど高くはない。日本人ワーカーでタイローカルのNGOで働くと、その人の能力如何にも関わるが、月四〇〇〇バーツくらいから一万五〇〇〇バーツくらいの手当となる。

近年は日本でもNGOワーカーやボランティアを志す人が多くなっているが、実際にはボランティア経験やそれなりの学識経験、語学力などがないと簡単にはプロのワーカーにはなれない。現場は厳しく、生半可な心がけでは勤まらない。JVCではワーカー育成のため、タイローカルのNGOでの研修の仲立ちもしてくれる。いわばNGOインターン制度のようなものだが、現実の活動はかなり厳しいので、応募に際しては相応の覚悟が必要だ。

人材派遣会社、エステサロン経営

小川日出男 Hideo Ogawa

経営の厳しさとやりがいを感じています

一九五一年七月三〇日生まれ　大分県出身
◎中津工業高校卒　八五年一二月来タイ
◎勤務先：株式会社リンクルス（翻訳・通訳会社）およびエステサロン・ソニック（タイ人従業員七人、日本人非常勤一人）
◎肩書き：代表取締役

子供のころ家が貧乏だったので、一刻も早く働きに出て、自分のお金で好きなものを買いたかった。最初の給料が出たら、「バナナを好きなだけ買って食べたい」なんて思っていたんですよ。だから、工業高校を卒業後、日立造船職業専門学校に一年通って、そのまま日立造船に就職しました。ここでは現場でみっちり鍛え上げられて、石油や鉄鋼、橋梁などのプラントや組み立て、溶接などを一〇年近く担当。その間に、友人の同級生だった妻と結婚し、二人の娘にも恵まれました。

その後は、叔父に請われて、彼の経営する道路舗装会社に転職。小さな会社だったので、何でも自分でやらねばならず、土木二級、宅建、大型特殊など、必要な資格・免許をいろいろ取得して現場にあたりました。

親戚の経営する会社だから、働きやすかったかといえばまったく逆で、そこではかえって辛い思いをしたんですよ。従業員からは、「社長の親戚だから、ひいきされてるに違いない」と思われ、叔父からは、「親戚だからこそ、甘やかしてはいけない」と厳しくされて、とにかく孤独だった。三年ほど辛抱しましたが、やはり辞めようと決心して、ミツミ電機の下請けの昭和電機という会社に転職しました。

そこは社長が旦那さん、専務が奥さんといった小さな会社でしたが、三〇歳を過ぎて就職が難しくなっていた私にとっては、ようやく見つけた転職先でした。しかし、ここまで来て自分の人生を振り返ってみると、まるで数多くあったチャンスを取り逃してきたかのような、焦燥感でいっぱいの気持ちになっていたんです。

このままでいいのだろうか、そう考えていた時に、偶然、新聞の広告でＪＩＣＡの青年海外協力隊を募集していることを知りました。「海外であなたの能力を試してみませんか」というようなキャッチコピーに大いにひかれて、溶接の技術指導者として試験を受けてみることにしました。

一応、試験前に妻と社長に断りを入れてみると、二人とも「いいよ、受けてみたら」と気軽に言います。どうやら、競争率が高いので合格するはずがない、と思われていたようです。でも、二次、三次と試験をパスしていくうちに、彼らの顔色が変わっていったんですね。いざ正式に隊員となることが決まると、社長は辞めてもらっては困ると言うし、妻にも強く反対されました。

仕方がないので、辞退するつもりでＪＩＣＡへ事情を説明したところ、ＪＩＣＡ側が配慮して、勤務先の社長のところへ直接、説得のために人を送ってくれたんです。「彼のしようとしていることは素晴らしいことだ。気持ちよく送り出してやってくれ」、そう言われて、社長も納得してくれたようです。妻も内心ひどく心配しながらも、承知してくれました。私の行く先は、タイと決まりました。八五年のことです。

当時の私は一度も海外へ出たことがなかったし、タイという国のことも何も知りませんでした。だからタイのイメージといえば、椰子の木が茂ってジャングルがあり、星空が素晴らしくきれいなところだろう、というもの。下の娘には「パパ、ワニに食べられないでね」と言われました。まわりの人たちも、タイのことをまったく知らなかったんです。

ところが実際に来てみると、バンコクは都市として非常に発展していたので驚きました。派遣先のノーンカーイ県も、へんぴな所ではありましたが、病院などの施設は整っており、アフリカなど他の途上国へ行った隊員に比べたら、恵まれた環境にあったようです。ここでは三年三か月の間、学校で溶接技術について指導しました。

生徒の教育は順調に進みましたが、せっかく学校を卒業しても、就職できずにいる若者たちがたくさんいるのです。日本と違い、タイでは学校が就職先を紹介するシステムになっていなかったせいです。そこで、バンコクとその近辺の日系企業に手紙を書いて、生徒の就職先を探すために、学校の先生たちを連れて工場の見学ツアーを組みました。

この工場見学がもとで、生徒たちの就職先も見つかり、ついでに自分の就職先も見つけることになったんです。訪問先のひとつだった神戸製鋼の日本人工場長と意気投合し、彼に「ＪＩＣＡの任期が切れたら、うちの工場で働かないか」と誘われたのです。

この頃は、いろいろな知り合いができて、他にもタイで働く口があったし、日本の昭和電機にも義理があった。自分の身の振り方に随分悩みましたが、結局は妻の「大きな会社に就職したほうがいいと思う」の一言で、神戸製鋼への就職を決心しました。

この会社での仕事は、タイ語ができたのでとかく重宝され、主査という肩書きをもらって働きました。でも、六年して任期切れとなり、帰国命令が出た時になって、またしても自分の進路に迷うことになってしまいました。

海外で長期間働いた技術者は、その間の技術的な遅れを取り戻せずに、日本に帰ってから左遷されて、自主退社に至るケースが多いのです。ましてや自分は生え抜きではなく、神戸製鋼の技術を持たない人間です。日本に帰ったら即座にリストラの対象となるに違いない。そう判断し、悩みました。

この時、初めて「独立して自分でやるのが良いかもしれない」と思ったんです。実は、任期切れの話が出るまでは、独立の計画などまったく立てていなかったので、為替相場に手を出して、貯金があまり残っていなかった。だから、元手のかかる仕事は始められません。どうしたらよいものかと、元ＪＩＣＡのスタッフで、翻訳・通訳の会社をバンコクで経営している先輩に相談したところ、「踏み出さないと、何も始まらないよ。捨てる神あれば、拾う神ありだ。不思議なもので、経営に行き詰まると必ず新しい仕事が舞い込んで、窮地を救われるものだ。とにかく、何か始めてごらん」とアドバイスされました。

そこで九四年、その先輩と同じ業種で元手もあまりかからず、今の自分にできる職種である翻訳・通訳

・人材派遣会社「リンクルス」を設立。折良く、工場移転のため長期間通訳者を必要としていたホンダから仕事が入ってきて、順調なスタートを切りました。通訳者は、知人や国際交流基金などの各機関へ声をかけ、優秀な人材を集めました。そして、さらに翌年、知り合いから勧められてエステサロン「ソニック」も開業しました。

エステのほうは、名前の通り超音波マッサージを主にしたもの。私は美容方面にはまったくしろうとだったので、勧められても当初はやる気はありませんでした。でも、超音波を肌に使うと、肌の内部の細胞を直接マッサージすることができ、美容効果が高いということを聞いて、ピンときたんです。なぜなら、溶接をしていた時代に、溶接部や鉄板内部に亀裂があるかどうかを調べるために、超音波を使っていたので、その効果のほどをよく知っていたからです。

「これは間違いなく美容にも良い」と確信を持ち、マッサージの機械を日本から購入して、数か月間日本で美容研修をし、自分ひとりでお客さんの相手をしていました。最初はまったく客足がなかったのが、一人、二人と来ていただくようになると、あとは口コミです。お客さんがどんどん増えてゆき、それに伴ってタイ人スタッフを採用して、彼らに対応を任せるようにしていきました。

ソニックのほうばかりでなく、翻訳・通訳の仕事のほうも、若い時に修得した技術と経験が大いに役に立ちました。翻訳の仕事は工場からの依頼が多く、専門的な内容でも、それがどういうものかをちゃんと把握できるんです。だから仕事もスピーディーに運ぶし、信用も築くことができた。

もちろん、経営危機は何度もありましたよ。翻訳もエステも結局は受け身の仕事ですから、自分からは広告を打つくらいしか動きようがないんです。ところが、先輩に言われた通り、「ああ、これでもう会社がつぶれるな」なんて追いつめられた時に限って、大きな仕事が舞い込んでくるんですね。もし、自分に守護神みたいなものがいるとしたら、「まだ神様に見捨てられていないな」としか思えないほど、不思議にタイミングが合うんです。だから、逆に順調で収入が多い時ほど用心しています。人間にはバイオリズムがあって、頂点にいればあとは落ち込むし、最低のところにいれば、その先は上り調子になる。その繰り返しだと考えています。

今後は、ソニック二号店を出し、さらに自然基礎化粧品を自分で作って販売するのが目標です。タイではプロポリスや真珠粉、アロエなど、自然のもので美容効果の高い材料が安価で手に入ります。これらの材料を使って、高品質の化粧品を作りたい。今は試行錯誤の段階ですが、なるべく早く商品化したいと考えています。

独立して実感したのは、「サラリーマン業は良いな」ということ。毎月決まったお給料が必ずもらえるんですからね。でも、経営者になれば、今度は自分がみんなのお給料を保証する立場になる。これはやっぱり、しんどい。

しんどくはありますが、経営者にはプラスの面も当然あります。まずは自分の時間を、ある程度自由に作れること。会社の拘束時間に縛られないのは魅力ですよね。そして次に、自営業だからこそ舞い込んでくる仕事がある、ということ。「一緒にこういう仕事をしないか」などという話は、サラリーマンには絶対にこないもの。独立の醍醐味は、ここにあるのです。

今の時代、日本でも終身雇用制度は神話となりつつあります。いつ、今の会社を辞めることになるか、辞めさせられることになるのか、分からない。そんな心構えが必要だと思います。それを踏まえた上で、自分が何をしたいのかを模索していくべきでしょう。

タイで独立したいとお考えの方にアドバイスをするとしたら、まず「一〇〇%人を信用してはいけませんよ」と言いたい。私たちは、発展途上国の人間だからと、タイ人を見下しがちですが、とんでもない。タイ人は、日本人を甘く見ていますよ。日本人は、簡単にタイ人に騙されてしまうんです。だから、タイで独立するなら「ここは日本とは違うんだ」と、気持ちを切り替える必要がある。どんなに良い人に見えても、ビジネス上では、心の底から他人を信用してはいけないと思います。

そうした心構えと、初めの一歩を踏み出す勇気があれば、タイで独立するのもよいのではないでしょうか。今、バーツが安いですから、自分の持っている資金を有効に使うことができるはずです。あとは、周囲の人々を大切にし、彼らの話に充分耳を傾けていれば、良い話というのは、必ず自分の元へやって来てくれるものだと信じています。

DATA：株式会社『リンクルス』238/7 Soi Thonglor 8, Sukhumvit 55 Rd. North Klongton, Wattana, Bangkok 10110 Tel. 714-9635,714-9636 Fax. 390-2131
翻訳は10カ国語以上に対応。人材派遣は航空機1級整備士、日タイ英同時通訳者、板前などの特殊技能者を始めとした日本人、タイ人、日本語の話せる欧米人が登録されている。翻訳・通訳・人材派遣登録者の人数は、平均して100人ほど。
『エステサロン・ソニック』 住所同上 Tel. 390-2130
超音波エステ 1時間1800バーツ、アロエパックコース（超音波エステ含む） 1時間2900バーツ、会員になると割引あり。

あとがき

みなさん、いかがでしたか。少しはお役に立てたでしょうか。

人生の岐路に立たされた時、何かを決断し、それを実行に移すのは、とても勇気がいることです。実のところ、今でこそタイでバリバリ働いて充実した日々を送っている人でも、みなさんが今置かれている旅立ちの段階にいた頃は、大いに悩み、タイに来てからも慣れない土地で戸惑いながら、本来の自分を取り戻すべく努力してきたというのが、本当のところです。周囲のみんなから声援を受けてカッコ良く日本を離れ、すんなりとタイの環境に馴染んでいった人のほうが、むしろ少数派なのではないでしょうか。

旅行気分で浮かれてばかりもいられないのは、少なからず自分の将来がかかっているせい。これからの自分の行く先が不透明なのですから、不安になるのは当たり前の話で、ましてや事情もよく分からない海外に住むとなればなおさらです。また、自分のまわりの誰かしらにタイ行きを反対されることも、もとより覚悟しておかなければなりません。親しい人から反対されるのって、ただでさえ不安を抱えているだけに、辛いものです。「行っちゃえば、どうにかなるよ!」というノリの若者であっても、これだけ日本が不況にあえぐご時世ですから、今勤めている会社を退職してタイへ行くとなれば、かなりのリスクを伴うことになってしまいます。

この本をよりたくさんの方に読んでいただくためには、「夢のバンコクライフを実現しよう!」などと口当たりの良い言葉を書き連ねるほうが効果的なのでしょうが、タイに夢と自由がある分だけ、厳しい現実も待ち受けています。そう、ちょうど、熱帯の太陽のまぶしすぎるほどの明るさと、地面に落とされる真っ黒い影のようなものです。この二つはセットになっていて、お互いに切り離すことはできません。ですから、みなさんには、よくよく考えた上で「もうこれ以上考えたって始まらない。とにかく行こう」と思えるようになるまで、大いに悩んで考え抜いてほしいのです。

ただ、一つだけ言えることは、タイに住む日本人のほとんどが「タイに来て良かった」と思っていることです。人間なら、誰もが青春を燃焼できる場所、自分の可能性を試せる場所を求めるものです。著者自身も、これから課題は山のようにありますが、やっぱり心から「タイに来て良かった」と思っています。だって、ほら、こうして本も出版できたことだし。自由と可能性を手に入れた素晴らしさと、その反面の厳しさ双方を、ひしひしと感じている今日この頃です。

これからタイに来るみなさんが、自分の成長の糧となる貴重な経験をタイで得られるよう、心から祈っています。

最後になりましたが、インタビューに応じて下さった一九名のみなさま、特別寄稿を寄せていただいた先生方、イラストを描いてくれた高校時代からの友人・高田あかねさん、原稿が遅れがちだったにもかかわらず、一貫して励ましの言葉をメールや手紙にて送り続けて下さっためこんの松本理佳子さん、この本の制作の手助けをして下さったすべてのみなさまに、お礼申し上げたいと思います。ありがとうございました。

佐倉　弥生

ガイド
○
タイで暮らす

改訂版

旅立つ前に

「タイへ行こう!!」そう決意を固めて、資金を貯め、両親兄弟、恋人、友人たちを説得したら、いよいよ出発のための具体的な計画を立てなくてはならない。満足に資金を用意できそうもない人、自分の大切な人にタイ行きを反対されている人、タイに知り合いが誰もいない人、いろいろだろうが、1度行くと決めたからには、頭を切り換えてシャンと背筋を伸ばし、てきぱきと出発の準備を整えたいものだ。

❶ 航空券は片道でOK？

まず手配すべきなのがバンコクまでの航空券。当分の間は日本に帰国する予定はないだろうし、タイで航空券を買ったほうが安いから、ここは片道チケットだけでタイへ渡りたいところだが、日本でビザを取得する時や、飛行機の搭乗手続きをする段階で、片道だけだと問題になる場合がある。また、タイ入国の際にパスポートの有効期限が6か月以上残っていることが必要なことにも注意してほしい。

たとえば、ビザを取る際に帰りのチケットのことを聞かれ、「陸路でマレーシアに行くつもりだ」と言い訳でもしようものなら、その鉄道の予約券の提示を求められることもある。また、日本の各空港でも、搭乗拒否とまではいかないまでも、かなり突っ込んだ質問をされたりもする。タイの空港では帰りのチケットの提示義務はないのであまり問題にならないようだが、いずれにしても往復チケットを購入しておいたほうが、すべての手続きがスムーズにいく。

90日、120日といったオープンチケットを購入して、その期間内に日本に一時帰国できる人はいいが、帰国予定の立たない人は、誰かに

チケットを売ることもできないため、帰りのチケットはまるっきり無駄になってしまう。それでも、往復券の値段が片道の２倍ではなく何割増しかになるだけなので、緊急時の保険のつもりで購入しておくのがベターかも知れない。

❷ 入国の際にビザは必要か？

■日本でとりあえず観光ビザを取得しておこう

タイに渡り、アパートやタイ語学校を探したりして生活の準備を進めているうちに、あっという間に時間は過ぎていくものだ。タイのビザはタイ国内で取ることはできないので、すぐにタイ国外へ出なければならないことになってしまう。

タイにビザなしで滞在できる期間は１か月間。数年前まではわずか２週間だったので、これでも伸びたほうなのだが、タイに住む目的の者にとって１か月は短すぎるので、日本のタイ大使館・領事館で観光ビザを取得しておいた方がよい。タイ語学校へ通う予定の人は、事前に学生ビザを取得しておくことが必要なところとそうでないところがあるので、チェックしておかなければならない。ソーソートー付属語学学校（128ページ掲載）は必要。

パスポートの査証欄にビザをもらう。

ビザには、シングル（２か月間滞在可）、ダブル（４か月間）、トリプル（６か月間）な

り、日本で観光ビザを申請する場合はいずれも比較的簡単に取得できる。タイに行ってすぐ就職できるかわからないし、タイ語学校に通いさえすれば学生ビザが取得できるとも限らないので、ダブル、トリプルの取得がお勧めだ。滞在できる期間はシングルで２か月間だが、タイのイミグレーションにて延長手続き（1900バーツ）をすれば、さらに30日間の滞在許可が得られ、合計３か月の滞在が許されることになる。

ただし、ダブル、トリプルのビザを取得していても、シングルを取得した場合と同様、３か月ごとにタイ国外に出て出入国のスタンプをパスポートに押してもらわなければならない。

ビザ取得の手続きは時間もかかって面倒だし、各国タイ領事館のビザ取得難易度がその時の情勢によってかなり変わるので、なるべく日本でダブル、トリプルの観光ビザを取得しておいた方がよい。

【日本での観光ビザ申し込み方法】
①パスポート（残存期間６か月以上）②タイまでの航空券（予約確認書でも可）③4×4.5cmの写真２枚を用意して、大使館備え付けの申請用紙に必要事項を記入して申し込む。申請料金は3,000円。ビザ申請の受付は午前中（９時から11時30分）のみで、翌日にビザがもらえる。念のため、大使館あるいは領事館に必要書類と申請時間、受け取り日を確認してから出かけよう。

❸ タイ滞在に必要なビザの種類

タイ滞在に必要なビザはノン・イミグラント・ビザとツーリスト（観光）ビザの２つに大別される。

【１】ノン・イミグラント・ビザ

●カテゴリーＢ＝Business（就労ビザ）

タイへの入国目的が就労の人向け。空港で最長90日の滞在許可が得られ、その後国内で延長手続きができる。

●カテゴリーO＝Other

タイで就労する人の家族が、タイで居住するために入国する場合のビザ。駐在員の主婦などが取得する。空港で最長90日の滞在許可が得られ、その後国内で延長手続きができる。

●カテゴリーE＝Education（学生ビザ）

タイへの入国目的が留学の人向け。空港で最長90日の滞在許可が得られ、その後国内で延長手続きができる。

ノン・イミグラントビザは全部で10種類の細目にわかれているが、その他は一般の人にはほとんど関係がない。

【2】ツーリスト・ビザ（観光ビザ）

このビザで入国した場合、最長60日間の滞在許可が与えられる。その後、出入国管理事務所で延長手続きをすれば、最高で30日間の滞在延長が可能。

ビザの取得というのは、海外に滞在する者にとって一番頭の痛い問題だ。たとえば、タイ語学校に通い始めたり、就職したからといって、簡単に学生ビザ、就労ビザが取得できるとは限らない。タイ近隣の国にまでビザを取りに行くわけだが、場所によっては観光ビザですら、「もう既に何度か観光ビザを取得して、これだけの期間タイに滞在していたのだから、もう充分なはず。ビザなしでも1か月いられるのだから、これ以上ビザは出せません」と断られる場合もあり、そうした対応が担当官によって個人差があったり、その時々のさまざまな情勢によっても変化するため、この本の中でも絶対確実な取得方法というものはお教えすることができない。

■最も人気のビザ取得国はマレーシアのペナン島

マレーシアのペナン島は、ほぼ安定してタイのビザ取得が容易な場所として知られている。タイの旅行代理店では、ノン・イミグラント

・ビザや、観光ビザ取得のためのペナン行きツアーも用意されている。一時はラオスなどへの「ビザ取りツアー」もあったが、今はペナンのみとなっている。

ツアーで行くと、決められたホテルへの宿泊義務があり、ビザ代行手数料もかかることになるが、個人で行くよりは、いろいろな事情に通じている代行業者の手を通したほうが、ビザの取得は簡単。だから、学校に通うなどして時間のない人、確実にビザを手に入れたい人、何度もビザを取得して個人で申請に行くと断られる可能性のある人は、ツアーに参加したほうが無難だ。また、ペナンはタイ国境に近く大勢のビザ取り旅行者が詰めかけるため、地元の代行業者も多く、現地で業者を探すことも簡単だ。

ペナン以外の国に関しては、ツアーがないので個人で行くことになる。取得難易度に関しても事情が変わりやすいため、旅行を兼ねて近隣諸国へビザ取りに行きたい人は、まわりの人から最新情報を仕入れるようにしよう。

【ビザ取得に必要な書類】

●ノン・イミグラント・ビザ

①パスポート
②カラー写真（5×5cm）2枚
③インビテーション・レター
④会社関係書類のコピー

●観光ビザ

①パスポート
②カラー写真（5×5cm）2枚

【ペナン行きビザ取りツアーを取り扱う旅行代理店】

寝台バスサービス　Shindai Co.,Ltd.
12th Fl. Boonmitr Bld., 138 Silom Rd. Bangrak, Bangkok 10500
Tel. 236-2000
スクムビット（ソイ21）、ラーマ４世通り、イセタン６階、北サートーン通りにも支店がある。

☞ 学生ビザについては「タイで学ぶ」の60ページ、就労ビザについては「タイで働く」の88ページに詳しく述べている。

❹ 日本からの荷造り

タイで生活するための荷造りは、女性ならずとも頭を悩ませる問題だ。「あれも、これも」と考えているうちに、あっという間にカバンは荷物で一杯になってしまう。しかし、飛行機に乗ってタイへ行き、空港からホテルへ行くまでの労力を考えると、持てる荷物にはおのずと限界が見えてくる。

タイではたいがいのものをデパートやショッピングセンターなどで買い揃えることができるから、荷物ダイエットにはせっせと励むようにした方がいい。

ただし、日本から持っていったほうがよいものもある。その基本は、日本でしか手に入らないもの、タイにも同様の商品は販売されているが、日本製品のほうが明らかに品質がよいもの、タイでは高い値段でないと手に入らないもの。

次ページのリスト参考にして、あとは自分にとって必要だと思うものをプラスするようにしよう。

オフィス街には洋服を売る露店が並び、昼時にはＯＬたちでにぎわう。

日本から持っていったほうがよいもの①

英文の卒業証明書
就職する際に必要となる場合がある。ただし、有効期限が通常3か月以内なので、就職や進学のあてのある人以外は、無駄になってしまうかも知れない。必要が生じた段階で、親などに頼んで送付してもらってもよい。

医師の診断書
持病がある人は、かかりつけの医師に英文の診断書を書いてもらうとよい。健康な人は、特に必要ないだろう。

夏用のスーツと靴
タイで入手可能だが、思わぬ時に就職の話が舞い込んできたりするので、男女ともに上品なスーツを1着だけ用意しておこう。靴もタイで買えるが、パンプスなど足全体を覆うタイプのものは、すぐに足が痛くなるという意見の人が多いので、はき慣れたものを日本から持っていくとよい。

クレジットカード
タイは物価が安いため、普段の生活の中でクレジットカードを使う機会はあまりないが、いざという時のお守り代わりに持っているとよいかも。また、タイを拠点に周辺諸国を旅行して回りたいと計画している人などは、カードを持っているとホテル宿泊の際などに役立ってくれる。

コンピューター
パソコンは、日本のほうがずっと種類も多く、値段も安い。特にマック愛用者はモデムなど周辺機器も一緒に揃えて持ってきたほうがよい(タイではマックの需要が極端に低いため、値段が高く種類も少ない)。ノートブック型パソコンが持ち運びに便利でお勧め。今や海外居住者にコンピューターは必需品だ。

辞書
日英、英日、タイ日、日タイ、国語辞典などは、多少重くても持っていったほうがよい。タイの日系書店でも入手可だが、日本で買うより割高になる。

薬品類
風邪薬、頭痛薬、胃腸薬、目薬、ビタミン剤などの常備薬は、一通り揃えて持っていこう。「タイでひいた風邪はタイの薬でしか治らない」という話もあるが、日頃から使っているものがあればやはり安心。特に目薬は空気の悪いバンコクでかなりの需要があるようだ。コンパクトサイズの蚊よけスプレー、電子体温計も便利。

海外旅行傷害保険カード
別項で詳しく解説するが、健康に自信のある人でも海外では何が起こるか分からないので、念のために保険に入り、カードは常に携帯しておこう。

日本から持っていったほうがよいもの②

カメラ、デジカメ、ウォークマンなど
タイでは高価で種類も少ないので、こうしたものは必ず日本から持っていくべし。

長期保存がきく日本食品
タイは食べ物天国で、日本料理店も多いが、カップラーメン、インスタント味噌汁、レトルトパックのカレーなど、自分の家に長期保存できる食品はいざという時役に立つ。特に、体の調子が悪くなった時は日本食しか喉を通らなくなるものなので、お湯を沸かせばすぐに食べられるものは貴重。タイの日系スーパーで入手可能だが、物価の安いタイで生活していると、あまりの高さにバカバカしくて買えなくなる。

煙草
はっきり言って、タイの煙草はまずい。マイルドセブンなど日本の煙草もコンビニで売っているのだが、味がまったく違う。煙草を吸う人は、日本の空港の免税店で買っておこう。おみやげにも非常に喜ばれる。

大切な人の写真、アドレス
家族、友人、恋人、ペットの写真など、かさばらないので数枚。離れてみて分かる、彼らの大切さ、ありがたさを心の糧に、タイでたくましく生活していこう。また、手紙やメールを送るために彼らのアドレスの控えも必要だ。

☞ 女性の方へ

化粧品
基礎化粧品、化粧品、ヘアケア製品など。タイではどんなものが入手できるのか、確認できるまでの間に使用すると考えよう。特に肌の弱い人は気をつけたいもの。

日傘
ＵＶカットしてくれる日傘兼雨傘は、タイで非常に重宝。熱帯の紫外線と、思わぬ時に降ってくる雨を避けるために、コンパクトなものを用意しよう。タイでも入手可だが、日本製なのでやはり高い。

パンティストッキング
これもタイで入手可能だが、品質やはきごこちがいまひとつ。２～３足だけでも普段はき慣れているメーカーのものを持っていってはいかが。

◎その他、旅行用目覚まし時計、愛読書、好きな音楽のＣＤ・テープ、ゲーム好きならハード（タイでハードは高価だがソフトは安い）、生理用ナプキン（タイ製のものは厚くて使い心地が悪い）、枕（タイのものは高さがあって使用感が悪い）など人によって意見は細分化される。

タイで購入するほうがよいもの

使い捨てソフトコンタクトレンズ
タイはコンタクトを使用する際に医師の許可は必要としないので、眼鏡屋で簡単に売ってくれる。1週間連続装用タイプのものが1箱（5個入り）で600～800バーツ（店によって値段が異なる）で、これが最もコストパフォーマンスが良く、衛生管理も簡単でお勧め。ただし、定期的に目の検診はしたほうがよいだろう。眼鏡、サングラスの類もタイで安く購入できる。

冬服
熱帯の国・タイから真冬の日本に一時帰国する場合に必要となる冬服。タイだから夏服しか売っていないと思ったら大間違いで、デパートでは肌着からコートまで何でも購入できる。夏場に渡タイする人は、わざわざ冬服を持っていく必要はない。

家電製品
駐在員家族になると、炊飯ジャーから洗濯機、掃除機まですべて日本から持っていき、家中変圧器だらけ（タイと日本では電圧が異なるため、日本の電気製品を使うには変圧器が必要）というケースも珍しくないらしいが、我々はすべてタイで揃えよう。電気湯沸かし器、くるくるドライヤーなどもタイで入手できる。

変圧器
バンコクのデパートや日系のレンタルビデオ店などで購入できる。

衣類
衣類は最低限のものを用意しておけば、あとはタイで安く購入できる。特に女性の場合はよりどりみどりで、プラトゥーナムなどの市場では女性用のスーツが500バーツ程度と安く、デザインも可愛いものがたくさんある。バッグやアクセサリーなども同様。特に、タイで買ったほうが良いと言われているのが、ブラジャーとブランドもののジーンズ、宝石・ゴールドのアクセサリーなど。

一部の医薬品
日本の医薬品メーカーが、タイで現地生産しているものもある。タケダのハイシー（ビタミンCの錠剤）、アリナミンA、アンメルツ・ヨコヨコ、正露丸など。薬局で入手可。また、漢方薬、健康食品のたぐいも豊富に揃っている。

ゴルフ用品
クラブは日本で買うのがお勧めだが、よほどのゴルフ好き以外は荷物になるので、タイでの生活が落ち着いて日本へ一時帰国した際などに持ってくるのが良いかも。クラブ以外のゴルフ用品は、タイで安価で入手可。

❺ 現金の持ち込み方

タイに住む目的で日本を離れる際、50万、100万といったまとまった単位のお金を持っていくことになるが、現金で携帯するにはちょっと抵抗がある。けれど、旅行目的ではないから、わざわざ日本で現金をトラベラーズチェック（ＴＣ）に変えてタイへ持っていった、という人の話はあまり耳にしない。やはり、体に巻き付けるなどして、厳重に注意しながら現金を携帯したという人がほとんどである。紛失・盗難などの危険性を考えなければ、現金をそのまま持っていくのが、手間も余計な支出もかからない最善の方法と言える。

それでも、やっぱり多額の現金を持っていくのは心配、という人には、いくつか方法がある。

■トラベラーズチェック

通常の海外旅行の時と同様、タイへ持っていく現金の一部をＴＣにしておく、というのが一般的。ただし、作ってもらう際には当然手数料が必要になるし、タイで換金する際に二重に手数料を取られる場合もあるため、注意する必要がある。

■日本の銀行カードのサービスを利用

バンコクに支店のある、みずほ銀行を例にとってみよう。

まず、日本の同銀行で口座を開き、みずほＵＣカードの発行手続きをしてもらう。これをタイへ持って行けば、提携のVISA、MasterなどのATMで、現地通貨の引き出しができるというもので、予算の一部を日本に残したまま、タイへ旅立つことができるというわけ。ただし、利息がかかるので注意しよう。

スタンダードな『みずほUCカードセレクト』(18才以上、本会員1,750円、家族会員１名につき650円)を選べば、海外旅行傷害保険サービス

に自動加入できるというサービスもある。

さらに、タイで病気やケガで困った時に、電話1本で日本人医師による医療相談が24時間・年中無休で受けられるなど、さまざまなカード特典が付帯しているので、興味のある人は、日本の銀行窓口で内容をよく確認してみよう。

■銀行送金

タイ国内の銀行に口座があれば、日本国内の銀行から送金できる。送金の方法は次の3通り。

①電信送金

②普通送金

③小切手送金

電信送金の場合は約5日、普通送金は1週間から遅くとも1か月くらいでタイの口座に入金される。小切手送金は、銀行で小切手をつくり、送金する人が自分で郵送するもので、安全性を考えるとおすすめできない。

タイ国内にある口座が円口座やドル口座であれば、それらの通貨で受け取ることになるが、通常のバーツ口座の場合は円やドル建てで送金しても現地の口座にはバーツで入金される。バンコクにある三井住友銀行など日系の銀行では個人では円やドルの口座は開けないので注意しよう。

日本での送金手数料は、送金する金額や銀行によって異なる。

❻ 海外旅行傷害保険

タイへ旅立つ前に、万が一の病気・ケガに備えて、加入手続きをしておきたいのが海外旅行傷害保険。これは、おもに海外旅行中に現地で治療を受けたい場合に、キャッシュレス・メディカル・サービス、

つまり現金不要で治療が受けられるというもので、通院・入院ともに適用される。

通常、我々が熱帯の気候に慣れるまでに、最低でも３か月から１年はかかると言われているので、健康に自信のある人でもその間に病気になる可能性は十分にある。また、タイでの治療費は意外に高いので、保険に加入しておけばいざという時に安心だ。

ただし、この保険は「日本に拠点をおく人が一定期間海外に出た際に適用される」というのが基本となっている。滞在期間の決まっている留学や、仕事目的でも駐在員として一定期間派遣される場合は問題ないが、帰国予定のまったくない人の場合は、対象とならないことがあるので注意しよう。

タイに来てしばらくしてから就職し、ワーキング・パーミットが発行されれば、自動的にタイ国の健康保険に加入され、通院の際に同じく現金不要で治療を受けられる。ただし、一般的にその上限金額（特に入院費用）が海外旅行傷害保険に比べて低いため、職場の担当の人によく内容を確認してみよう。もし、その内容に不安があるようなら、別の保険にも加入できるよう会社に頼んでみるか、個人で加入することになる。

■海外旅行傷害保険の代表的存在　ＡＩＵの場合

海外旅行傷害保険と聞いて、まず真っ先に頭に浮かぶのがＡＩＵ保険会社。ここでは、ＡＩＵの保険内容を例に取って海外旅行保険の詳細を説明してみよう。

【契約の方法】

まず、基本契約となるのが『傷害』で、海外旅行中の事故によるケガにより、通院・入院した場合。また、後遺症が残ったり、死亡した場合も保険が適用される。

特約事項となるのが、病気で通院・入院した『疾病』で、治療費用保険金と死亡保険金に分かれている。その他、あやまって他人にケガ

をさせたり、他人のものを壊してしまった場合の『賠償責任』、自分の携行品が破損・紛失した場合の『携行品』など、種類が細分化されている。

自分で必要と思われる特約事項を自由に選択できるため、その内容によって保険金額が変わってくる。お財布の中身に乏しい人は、最低限必要な基本の傷害と疾病だけに加入しておけば通院・入院の際に役立つので、疾病の中でも死亡した場合についての保険は必要ないと判断する人もいる。だいたい１年間の契約で、２万～３万円くらいかかる計算となる。

【便利なキャッシュレス】

利用方法は、病院へ行った時に医師や看護婦から「保険に加入しているか」と聞かれるので、その際にカードを提示して、書類に必要事項（名前、住所、病気やケガの症状など）を記入すればＯＫ。あとは医師が書類にサインをして処方箋と一緒に渡してくれるので、薬だけ受け取れば済む。

もちろんＡＩＵだけでなく、東京・住友・安田・千代田海上火災など、日本の各保険会社でも海外旅行傷害保険を取り扱っており、バンコクの代表的な総合病院では、まず間違いなく保険が適用される。各保険会社に聞いて、その内容と保険料などを比較して、自分が良いと思った保険会社を選ぶようにしよう。特にタイの地方で暮らす人の場合は、提携病院の名前と場所をよく確かめる必要がある。

現地で保険に入るならＡＩＡ

タイには日系の保険会社が数社進出しているが、いずれも個人相手の医療保険制度が確立されていないのが実状。また、地元の保険会社の場合は、生命保険を買うことを条件とされたり、審査が厳しい、細かな条件の融通がきかず保険料が高くなるなどのデメリットが多く、会社を通すのならともかく、個人で加入するのにはいろいろ不都合があるようだ。

その中で、個人向けにお勧めなのがＡＩＡの邦人医療保険。日本人担当者がいて、いざという時に日本語で応対してもらえる。キャッシュレス・メディカル・サービス提携病院は、バンコクはもちろん、プーケット、チェンマイ、近県のサムットプラーカーンなど多数で、全国の100以上の病院でサービスが受けられる。

入院・手術など高額医療費に備えたもの（プラン１）と、それにプラスして通院給付も付いたもの（プラン２）の２種類がある。月払い保険料は本人のみの場合、プラン１が710バーツ、プラン２が1,544バーツ。日本語で書かれた資料が揃っているので、ファックスで送ってもらうなどして、詳細を確認してから加入しよう。

American International Assurance Co.,Ltd.
Group Insurance Dept.
11th Fl. American International Tower, 181 Surawongse Rd.
Bangkok 10500
Tel. 638-7924 Fax. 236-9383

保険カードを提示すれば現金不要で提携病院での診察が受けられる。

生活費の目安

❶ 1か月あたりの生活費

タイは物価が安い。だから生活費も安く済む。それに間違いはないものの、タイ初心者の外国人が住むためには、ある程度の出費を覚悟しなければならない。よく「1万バーツ（約2万7 000円）あればタイで生活できる」という話を耳にするが、それはタイを熟知し、かつ、かなりストイックな生活をしている人に限ると断言しておこう。

バンコクで生活するなら、タイ語学校の学費などを計算に入れて、月に2万〜3万バーツ（約5万4000円〜8万1000円）は必要となる。最初に生活に必要なもの（食品、シャンプーなど日用雑貨、テレビなど）を買い揃えるのにもかなりの出費となるし、ビザ代、旅費などもかかるので、予算はこれよりも多めに取っておくべきた。

（1バーツ＝2.7円、2005年6月現在）

次ページに例としてご登場いただいたA子さん、B男さん、C子さんは、いずれも在タイ歴が半年以上で、生活が落ち着いた段階での生活費の平均。B男さん、C子さんは就職して定収入があるものの、収入が増えればその分生活レベルを上げており、なかなか貯金ができないというのが実状とのこと。また、学生のA子さんは、タイに来て半年あまりなので、まだまだ好奇心いっぱい。時間のあるうちにと、国内旅行や近隣諸国への旅行、友人同士のお付き合いにも積極的で、交際費や旅費、娯楽費でかなりの出費となっているそうだ。

生活費の実例

●A子さんの場合
ワンルーム、冷房、ホットシャワー、家具付き
◎タイ語学校へ通う学生　収入なし

家賃	4, 500バーツ
水道代	約200バーツ
電気代	約800バーツ
電話代	約400バーツ
授業料	約5, 000バーツ
交通費（主にバス利用）	約800バーツ
食費・交際費（すべて外食）	約8, 000バーツ
雑費	約2, 000バーツ
ビザ代（3か月に1度近隣諸国にて観光ビザを取得。飛行機利用／トータルで約13, 000バーツ）	約4, 300バーツ（1か月あたり）

◎合計　26, 000バーツ

●B男さんの場合
パヤタイ通りのアパートに日本の友人と同居
2LDK、キッチン（ガスコンロ付き）、冷房、温水シャワー、バスタブ、トイレ、家具（ベッド、ソファ、机、椅子、ドレッサー、本棚、衣装ダンス、電話[直通]、整理棚）、冷蔵庫付き、家賃に洗濯、掃除サービス込み（月～土まで毎日）。
◎給料40, 000バーツ

家賃	11, 000バーツ（友人と折半して5, 500バーツ）
水道代（洗濯水代含む）	300バーツ（同150バーツ）
電気代	約2, 000バーツ（同1, 000バーツ）
電話代	約600バーツ（同300バーツ）
ガス代	約100バーツ（同50バーツ）
交通費（バスおよびタクシー利用）	約1, 000バーツ
食費（自炊と外食両方。朝食は自炊、昼食は屋台で通常25～35バーツ、夕食は外食と自炊）	約5, 000バーツ
インターネット代	約1, 000バーツ
雑費	約2, 000バーツ
ホテル内のフィットネスクラブ	約350バーツ（年間4, 000バーツ）
日本の雑誌定期購読（週刊誌）	約800バーツ
ビデオレンタル代（日本のテレビ番組）	約1, 500バーツ
飲み代	約15, 000バーツ

◎合計33, 500バーツ（残り約6, 000バーツを貯金）

生活費の実例

●C子さんの場合
ペッブリー通りのアパートに１人暮らし
ワンルーム（約８畳）、ホットシャワー、バスタブ、トイレ、エアコン、家具（ベッド、鏡台、クローゼット、冷蔵庫、電話[自動交換オペレーター]、サイドボード）、ケーブルテレビ、入口がカード式のオートロック、24時間セキュリティーガード付き。

◎給料	35,000バーツ
家賃	7,000バーツ
水道代	約200バーツ
電気代	約1,000バーツ
電話代	約300バーツ
交通費（バスおよびタクシー利用）	約2,600バーツ
食費（自炊と外食両方）	約7,000バーツ
雑費・交際費	約5,000バーツ
化粧品・洋服代	約2,500バーツ
語学学校（英語）	約5,000バーツ
フィットネスクラブ	1,750バーツ（年間21,000バーツ）

◎合計32,350バーツ（残り約3,000バーツと年末のボーナスを貯金）

❷ 家賃の目安

■家賃5,000バーツ以上のアパートを探そう

バンコクで1人暮らしをしている日本人の平均家賃は、だいたい5,000〜7,000バーツ。住む地域や建物の新旧によって多少差が出るが、このくらいの家賃を出せば、室内は清潔で、冷房にホットシャワー、ベッドや衣装ダンスなど必要最低限の家具、24時間のセキュリティーが通常ついている。家主のほうも外国人の扱いに慣れているのでトラブルも少なく、快適な暮らしが期待できる。家賃にプラスされる電気・水道・電話代の平均は1,500〜2,000バーツほど。

4,000バーツ台のアパートもたくさんあり、探せばいくらでも見つ

けることができる。地域によっては、手頃で条件の良い安アパート密集地域があり、そこを1軒1軒まめに回れば気に入った物件が必ず見つかるはずだ。ただし、タイに不慣れなうちは、アパート探しの際に戸惑うことがあり（英語が通じにくい、アパート名がタイ語でしか表記されていない、管理人のぶっきらぼうな態度など）、また物件を見て、何やら怪しげで無機質な雰囲気や、バス・トイレの汚さに「ここには住めない……」とガックリ肩を落とす人も出てくるだろう。

■4,000バーツ以下の物件になると

外国人の住人はあまり見かけなくなり、もし住み始めたとしても、水漏れ、停電、電話不通、家賃不当上乗せ、盗難などのトラブルが発生しやすいという傾向が出てくる。筆者の友人で、月4,000バーツのアパートに住んでいる日本人女性がいるのだが、電話がしょっちゅう不通になり、盗難の被害にも1度遭った経験があるという。2人いた警備員がいつの間にか1人に減り、カードロックの扉がついていても、カードで開けた住人の後に続けば誰でも簡単に入れるので、ほとんど意味がないとこぼしていた。友人はタイ語がとても流ちょうなのだが、その彼女でさえ住まいのトラブル解決は難しいと話している。

■2,000〜3,000バーツ台の物件になると

仮に、2,000バーツ、3,000バーツ台のアパートを借りている外国人がいたとしたら、彼らのほとんどはタイ人の恋人や友人に守られて生活していると考えよう。また、このランクのアパートには通常冷房と温水シャワーがついていないが、酷暑の時期(3月〜5月)に冷房なしで過ごすのはかなり厳しいし、気温の下がる乾季（11月〜2月）に水シャワーはかなりつらいものがある。

よって、タイ初心者の人たちが住まいを選ぶなら、とりあえず5,000バーツ以上、予算の少ない人でも4,000バーツ以上の住まいを探し、タイでの生活に慣れてから再考するのがベスト。特に女性の場合は、高級アパートに住む必要はないが、セキュリティーのしっかりしたと

ころを選ぶのが何よりも肝心だ。地方に住む場合はこれよりも低予算で探せるが、プーケットなどバンコクに近い物価のところでは、やはり外国人が数多く住む5,000〜6,000バーツほどのアパートに人気が集中している。

❸ 意外とかかる交通費・食費

タイの魅力は、何といっても食べ物が安くて美味しいこと。1皿20バーツのカオ・パット（タイ風焼き飯）だって、充分に満足できる味。すると、朝・昼・晩と1日3回食べても60バーツ、1か月で1,800バーツ…と単純計算すれば随分安く済みそうだが、実際はなかなかそうはいかないもの。日本人だから時には日本食が食べたくなるし、暑いからビールも飲みたい、友人や同僚との付き合いでしゃれたレストランに足を運ぶこともある。特にバンコクでは、タイ料理だけでなく世界各国料理のレストランが軒を連ねており、この楽しみをあえて放棄するのは、もったいない！ の一言。

何かとストレスの多い海外生活では、日本で外食するよりずっと安く済む食費の予算くらいは、ゆとりを持たせたいものだ。

交通費は、冷房なしのバスが最低4バーツと安く、1日往復8バーツだけで済む人もいる。ただし、働き始めて忙しくなってくると、冷房なしの混み合ったバスに乗り、朝夕の大渋滞に時間を取られるのがバカバカしくなり、タクシーやモーターサイ（バイクタクシー、料金は交渉次第）、スカイトレインや地下鉄などを利用することも多くなるだろう。

就職しても会社から通勤にかかる交通費は支給されないのが普通なので、積み重なれば意外と費用がかさんでしまう。

その他の費用には個人差があり、ゴルフや習い事をすれば月に数千バーツ単位でお金が飛ぶし、女性なら化粧品代や洋服代が結構かかる。

男性の場合、一番気をつけたいのが女性のいる飲み屋の代金。これにはまると、お金がいくらあっても足りなくなるのでご用心を！

❹ タイ国内ではリッチな毎日を

現地採用の日本人のタイでの生活は、ひとことで言えば「日本にいた頃より良い生活はできるが、1歩国外に出ればミジメ」というもの。現地採用の給料は日本円で考えれば安くても、タイ人の給料と比べれば数段に良いため、かなり満足のいく生活を送ることができる。しかし、日本との物価格差が激しいせいで、バーツで給料を稼ぐようになると、たちまち日本が遠くなってしまう。タイ旅行をして「何もかもが安い!」と感激した経験は誰もが持っているだろうが、いざタイでバーツの給料をもらうようになると、今度はそれがまったく逆になり、日本に一時帰国でもしようものなら「何もかもが高すぎる!」という悲鳴が出てくる。汗水たらして自分で稼いだバーツを有効に使うためには、タイもしくはその周辺諸国で消費するのが一番なのだ。

よって、タイに住み、タイで仕事を始めるようになったら、せめて毎日の生活はほどほどに潤いのあるものにしたいもの。そうしたゆとりのある生活が、日々の仕事のエネルギー源にもなるのだから。

昼食は同僚と屋台で食べることも多い。

住まいを決める

❶ まずはお手頃ホテルから

旅行の時と同様、ドンムアン空港に降り立ったら真っ先に考えなければならないのが、当座の宿のこと。友人・知人がすでにタイに住んでおり、彼らの所にひとまず住まわせてもらえる人や、既に日本で予約してある場合、また旅行で何度もタイに来て、その日宿泊するホテルのあてのある人はいいのだが、問題は土地勘も何もなく、頼れる人もまったくタイにいない場合。空港のインフォメーション・カウンターで相談するのもよいし、ウイークリーマンションのように1週間単位で宿泊できるサービス・アパートメントを利用する手もある。

さて、仮住まいのホテルで一息ついたら、早速アパートを探しに街へ出よう。ホテルはとりあえず3日～1週間程度の予約を入れておけば充分。もしこの日程で気に入ったアパートが見つからなくても、よほど混み合う時期でない限り、宿泊日数を延長してもらうことは可能だ。ホテル代はどんなに安ホテルでも合計するとかなりの金額になるので、早めにアパートを決めて、生活の準備を整えるようにしよう。

☞ インフォメーションにある「ホテル・リスト」を参考にしよう。

❷ アパートの探し方

バンコクには日本人経営の不動産屋が多数あるが、彼らが主に扱っているのは、駐在員向けの高級コンドミニアムや企業向けのオフィス

ビル。学生や現地採用の日本人が住むような家賃の安い物件になると、たとえ彼らが間に入ったとしても、仲介料をアパート側から取れないという事情があるそうだ。だから、たとえ仲介をお願いできたとしても、ほとんどの場合、彼らの善意に甘えてしまうことになるため、インフォメーションの「日系不動産業者リスト」は参考程度にとどめておくようにしよう。

そうなると、友人・知人の紹介、もしくは自力でアパートを探すことになる。

自分でアパートを探す場合は、とにかくまめに市中を歩いて回るのが一番。部屋が空いていれば「ROOM FOR RENT」といった看板が出ていることもあるが、各アパートには、入口の隣に必ず管理人室があるので、そこへ声をかけて、まず1人で住むのなら1人暮らしをしたいこと、できるなら2〜3日内にも引っ越したいことを話し、家賃などの条件を聞いた上で、部屋の中を案内してもらおう。

自分の足で歩き回れば、交通の便の善し悪しや、近所の様子もじっくり観察できるので、たとえ手間と労力がかかっても、入居前に不都合な部分を見逃しにくくなるという利点がある。もし、最初にタイ語学校に通うのであれば、まず学校の入学手続きを済ませてから、交通の便の良い地域のアパートを探すのも手。

☞ インフォメーションの「アパート・リスト」を参考に、自分に合った物件を探してみよう。

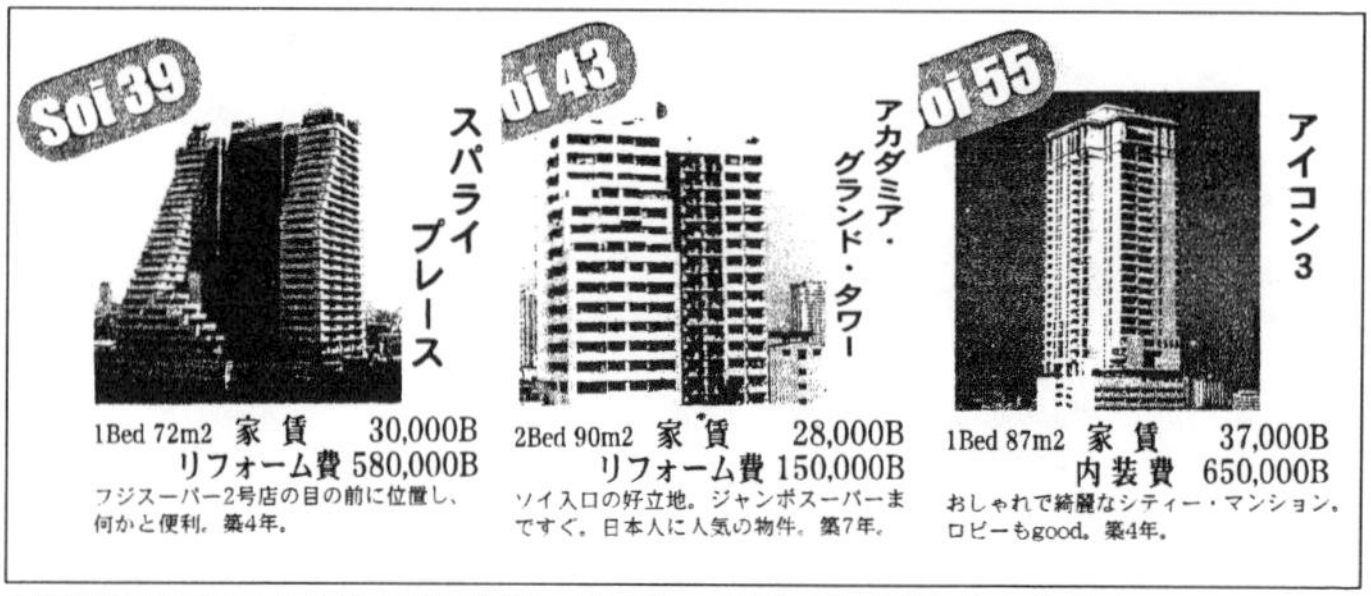
Soi 39
スパライプレース
1Bed 72m2 家 賃 30,000B
リフォーム費 580,000B
フジスーパー2号店の目の前に位置し、何かと便利。築4年。
oi 43
アカダミア・グランド・タワー
2Bed 90m2 家 賃 28,000B
リフォーム費 150,000B
ソイ入口の好立地。ジャンボスーパーまですぐ。日本人に人気の物件。築7年。
oi 55
アイコン3
1Bed 87m2 家 賃 37,000B
内装費 650,000B
おしゃれで綺麗なシティー・マンション。ロビーもgood。築4年。

不動産会社の日本人向けの広告より。３万バーツ以上の物件がほとんどだ。

■入居手続きに必要なもの

入居手続きに必要なのはパスポートと家賃＋保証金。保証金は家賃の1〜3か月分くらいなので、トータルで家賃の3〜4か月分が最初に必要となる。通常、どのアパートも最低居住期間を3〜6か月と定めているので、それより短い場合は家賃が割高となるか、もしくは退去時に保証金の全額を返してもらえなくなってしまう。逆に、気に入って長く住むつもりなら、家賃の値下げ交渉にも応じてくれる。日本人は家賃をきちんと払い、部屋もきれいに使ってくれることから、家主からは好意的に迎え入れてもらえるのがありがたい。

■どのエリアを探せばよいのか

まだ学校も仕事先も決まっていない段階では、どのエリアのアパートを探せばよいのか見当がつきにくいはずだ。

ところが、個人で来た外国人が住みやすいアパートの密集地域はだいたい決まっている。家賃とアパートの設備のバランスが良く、タイ語学校へ通うにも通勤するにもさほど不自由しない、中心部に近い地域といえば､戦勝記念塔、ラーチャテーウィー、プラトゥーナムあたりに絞られてくる。

戦勝記念塔周辺は交通の便も良く狙い目！

この他の地域でも物件はたくさんあるものの、家賃が1万バーツを超える物件か、もしくは2,000〜3,000バーツ台のタイ人専用アパート密集地域という色合いになってくる。

参考程度に記しておくと、高級コンドミニアム・アパート密集地域として、スクムビット通

り、シーロム周辺、ソイ・ルアムルディなどが挙げられる。

日本人駐在員が密集して住むスクムビット通りでは、最低でも1万4、5千バーツから高いところでは8万、9万バーツといった所も。1万バーツ以下の物件があることで有名なのはソイ20で、3～4軒ほどの安アパートが点在している。だが、安くて都心にあるだけに、いつも満室状態。シーロム周辺にも1万バーツ以下の物件が数か所あるが、やはりスクムビットと同様で人気が集中している。

中心部に近い所ではディンデン地域に安アパート密集地域があるが、タイ初心者にはあまりお勧めできない。また、都心からはずれた地域は当然家賃も下がるものの、通勤・通学には何かと不便だし、就職しても交通費が出ないのが普通なので、通勤のストレスと交通費のことを考えると、郊外に住む意味はほとんどない。

よって、バンコクの様子がつかめない最初は、とりあえずアパート側が要求する最低居住期間だけ住むつもりで、戦勝記念塔、ラーチャテーウィー、プラトゥーナム地域に住めば問題ないだろう。その後、学校や職場まで行くのにバスを乗り継がねばならないなどの不都合が見られた場合に、自分の条件に合った引っ越し先を改めて探すようにしよう。数か月をバンコクで過ごし、タイ語学校に通うなどして友人が増えてくれば、彼らから貴重な情報を仕入れることができる。本当の優良物件というのは、なかなか表面に出てこないものだから、口コミ情報は大切な財産として、あなたの生活向上に役立てるようにしてほしい。

❸ アパートのチェックポイント

どのアパートにも、ベッド、クローゼット、鏡台といった家具、トイレとシャワー、自動もしくは交換手による電話が各部屋に設置されており、これは最低条件となる。中には家具なしの物件もあるが、家

具を自分で買い揃える費用はむだになりがちなので、インフォメーションの「アパート・リスト」では紹介していない。

各アパートの違いは、何といってもそれらが新しいか、古いか、ある程度お金をかけてあるものか、安いもので済ませているか、また古いものでも手入れを良くしてあるかどうか、といったことで、特にバス・トイレにその差が出てくる。じっくり部屋の中を観察するのと同時に、アパート入口や階段、廊下、部屋に入った時の印象というのも大切。警備員や管理人の態度も要チェックポイントだ。

洗濯・掃除サービス　洗濯サービスは大抵どこでも付いているようで(有料)、掃除サービスも週２～３回行ってくれる所、有料で引き受けてくれる所もある。もしも、自分が留守の間に合い鍵で掃除婦に入られるのが嫌だという人は、交渉して掃除サービスを断る代わりに、少し家賃を下げてもらうということも可能。ただし、基本的にすべての部屋を掃除してもらうつもりでアパート側は掃除婦を雇っているので、断っても値下げ交渉に応じてもらえない場合もある。

雑貨屋・食堂・美容院　大型アパートになると、24時間オープンの雑貨屋、食堂、美容院などの各施設が充実しており、何かと便利。ただし、近所に食べ物屋やコンビニがたくさんある地域では、こうした施設を必要なしと判断している所もあるため、アパートに施設がないからといって、必ずしも不便だとは限らない。

電化製品　通常、テレビ、冷蔵庫はオプションとなっている。毎月の支払い額は300～500バーツ程度だが、これが積み重なっていくとかなりの額になるので、タイで働くつもりの人なら、テレビと冷蔵庫は買ってしまった方が断然お得。アパートによってはケーブルテレビも受信できる（ＮＨＫを見られる所もある)。

また、アパートの中には水シャワーのみの所が多くあるが、自分で温水器（安いもので2,000バーツ程度）を買って、取り付けてもらう

ことは可能。温水器は、デパートの家電売場などで買い求めることができる。

台所と調理器具　タイのアパートで、一番問題となるのがキッチン。外食産業が発展しているタイでは、高級コンドミニアム以外は、台所がついていないのが普通。また、危険を伴うためガスの使用を禁止する所がほとんどなので、自分で調理したい場合は電気コンロもしくは卓上ガスコンロを個人で購入することになる。流しがついていない所が多いので、バスルームもしくは水道が付いているベランダで皿洗いをすることになり、最初はかなり違和感がある。

光熱費・電話代　光熱費は、各アパートによって若干差がある。電気代は1ユニット4～5バーツ、水道代は1ユニット14～17バーツ、電話代は1回5バーツ。回線が限られているため、10～20分で自動的に電話が切れてしまうところが多いので、長電話好きの人には少々つらいかも。友達との長電話が欠かせないという人は、契約前に時間無制限で使えるかどうかを必ず確認するようにしよう。また、国際電話をオペレーターを通してかける場合、料金は割高になるので注意しよう。

セキュリティー　カードロックキーは、安アパートでも設置している所が多く、警備員が24時間いることも一般的。ただし、それがどの程度機能してくれるかといった点に問題があるため、アパートの下調べに行った時に、わざと警備員を無視してアパートの中に入ってみたり、住人のふりをして扉を開けてみたりすれば分かる。ちゃんとした警備員なら、見知らぬあなたを呼び止めて「用事は何ですか」と聞くはずだし、ちゃんとロックされていれば、管理人が内側からはずさない限り扉は開かないはずだ。

洪水対策その他　気をつけたいのは、アパート周辺が洪水になりやすいかどうか。たとえアパートのある通りの水はけが良くても、アパー

トの敷地内に水がたまりやすい、ということも多々あるので、管理人に確認するか、大雨が降った後に自分で様子を見に行ってみよう。また、夜間の騒音についても気をつけたい。高速道路、深夜までライブバンドの演奏が響きわたる飲み屋、夜間運転している工場などが近くにあると、気になって眠れないという事態も大いに考えられる。もし、近所に騒音を出しそうな施設が目にとまったら、管理人に聞いてみたほうがいい。

契約　さて、いろいろな物件を見て回って、「ここだ」というアパートが見つかったら、次はいよいよ契約だ。手続きは簡単で、アパート側で用意してある契約書に必要事項（氏名、日本の住所、パスポートナンバーなど）を記入して、証明書代わりにパスポートを提示し、家賃と保証金を支払えばすぐに入居できる。月の途中から入居となる場合は、最初の月の家賃は日割り計算してもらう。この時、最低居住期間だけ確認しておけば、後でトラブルになるようなことはほとんどないはずだ。

雨季になると市内のあちこちでこんな洪水風景が…。アパート周辺は要チェックだ。

アパートのチェックリスト

　このリストをコピーして、気に入った物件のデータを記入し、あとで比較検討するときに役立てよう。

◎マンション名【　　　　　　　　　　　　　　　　　】

家賃	バーツ
保証金	バーツ
電気代	バーツ／1ユニット
水道代	バーツ／1ユニット
電話代　バンコク市内	バーツ
電話使用時間	分　無制限
駐車場	バーツ
最低居住期間	か月
カードロック	有　無
警備員24時間常駐	有　無
エアコン	有　無
温水シャワー	有　無
バスタブ	有　無
流し台(キッチン)	有　無
ベランダに設置してある水道	有　無
食堂	有　無
コンビニ	有　無
美容室	有　無
ランドリーサービス	有　無
掃除サービス	有　無
ケーブルテレビ	有　無

その他の施設[　　　　　　　　　　　　　　　　　　　　　　]

気に入った点

気になる点

◎総合評価　△良い　△ふつう　△悪い

健康管理

❶ 病気やケガをした時

バンコクには、クリニックや専門病院、総合病院が数多くある。その中で、日本人がよく通う私立の総合病院は、きれいな施設としっかりした医療設備が整っており、優秀で信頼のおける各科の専門医師が揃っている。日本語を話す医師や看護婦、日本人通訳などもおり、海外旅行傷害保険をほぼ間違いなく使えるので、病気やけがの際はこうした病院を選ぶことをお勧めしたい。また、病院は24時間体制で患者を受け入れているので、深夜急に具合が悪くなった場合でも治療してもらうことが可能だ。

地方では日本語の通じる病院はプーケットなどを除いてほとんどないものの、よほどの田舎か重病でもない限り、適切な治療を施してくれる。タイだからといって、日本よりも医療技術が低いということは決してない。

歯を治療する場合は、日本人医師がいたり、日本人をほぼ対象にしている歯科クリニックが数か所あるので、そこを利用することもできる。総合病院にも、通常歯科は設置されている。

☞ インフォメーションの「病院リスト」を参照。

❷ 通院費・入院費の目安

通院費　通院費は、日本人がよく通う病院の場合で、通常1,000バー

ツぐらいからとなっている。風邪をひいて病院へ行った時などが、この最低ラインに当てはまる。病気や処方される薬の種類などによって費用は多少異なるものの、1回の通院で2,000バーツ以上かかることはあまりない。初診手続きは簡単で、名前や年齢など必要事項を用紙に記入すれば、その病院の診察カードをすぐに発行してくれる。また、医師を指名して、自分にとって信頼できる先生に診察してもらうこともできる。

入院費　入院費は、安くあげたいと思ってもなかなかそうはいかず、せいぜい大部屋に移って、部屋代を下げるくらいのもの。タイの国立病院は治療費が安いが、その分地元の人が押し寄せていつも人でいっぱいで、入院施設や病人の扱いは私立病院より格段に落ちる。海外旅行傷害保険カードを持っていればこうした治療費・入院費すべてを無料で受けることができるので、万一に備えて保険には加入しておこう。

以下は著者が98年、デング熱でバムルンラート病院に入院した時の費用の詳細。日本円にすると入院6日間で15万円強。1週間足らずでかなりの額になったが、ホテル並みのきれいな部屋で至れり尽くせりの扱い。具合の悪い時にこの環境は、非常にありがたいものだった。

デング熱で6日間入院した場合

部屋代（スタンダード個室）	15,600バーツ
食事代（1日3食）	2,425バーツ
薬代	13,943バーツ
診察費	5,165バーツ
レントゲン代	220バーツ
電話代（都内のみ）	35バーツ
ナース・サービス	4,140バーツ
ドクターズ・フィー	5,700バーツ
サービス・チャージ	1,560バーツ

◎計　48,788バーツ

❸ タイで気をつけたい病気

日本と風土気候が全く違うタイで快適な生活を送るためには、何よりもまず健康が第一条件となる。どれだけ体力に自信のある人でも、日本にいる時と同じようにはいかないものなので、日頃の健康管理を怠らないよう心がけることが大切だ。

タイで一番気をつけたい病気が、風邪と下痢。外の暑さと室内冷房の差、バンコクの大気汚染、食事の違い、環境の変化からくるストレスなどから体調を崩しやすく、これらの病気となって表れる場合が多い。対策としては、カーディガンのように軽くはおれるものを常に持ち歩き、暑くても冷房をつけっぱなしで寝ない、疲れたら無理をしないで休む、体調の悪い時は刺激の強いタイ料理や衛生管理の悪い屋台は避け、お粥など消化の良いものを食べる、などが挙げられる。

また、熱帯特有の病気、タイ特有の生活環境から来る病気などがいくつかあり、次ページにその代表的な病気と症状、予防法について記したので、参考にしてほしい。

■保険会社について

サミティウェート総合病院を例に挙げると、日本にある保険会社(外資系含む) 36社による海外旅行傷害保険で、キャッシュレス・メディカル・サービスが受けられる。また、その他の主な病院でも、代表的な保険会社のものなら、ほぼ間違いなく使うことができる。各保険会社に問い合わせて、タイ国内の提携病院を確認しよう。

例：サミティウェート総合病院の場合

・ＡＩＵ
・住友海上火災
・東京海上火災
・千代田海上火災
・三井海上火災
・三井生命
・第一生命
・明治生命
・日産海上火災
ほか全36社。

病名と症状・予防法

デング熱

汚い水に住む蚊が媒介するので、都市部に多発する病気。雨季に多く、空き地に捨てられた容器、空き缶や家の中の植木鉢の受け皿などにボウフラがわき、デング熱ウイルスを持つ蚊が発生、これに刺されて感染する。流行性のもので、ほぼ4年ごとに流行することもある。デング熱の流行る季節は、蚊に刺されないよう注意し、室内の花瓶の水など、たまり水を放っておかないようにすること。潜伏期間は約1週間で、発病後5～7日間くらい高熱が続き、頭痛、食欲不振、吐き気などを伴う、インフルエンザの重度の症状が起こる。高熱により毛細血管が破裂し、手足などの皮膚が赤くなることから、タイ語で「出血熱」と言われている病気。

マラリア

バンコクなど都市部ではほとんど見られないが、山中では一番怖い病気で、きれいな水に住む蚊が媒介する。ビルマやカンボジア国境、チェンマイ、チェンラーイの山中など、山奥の人気のない場所でのトレッキングツアーに参加する時は注意が必要。熱帯性マラリアは急激に進行して、40度以上の高熱、関節痛、食欲不振などの症状が見られる。タイの山中や、インドなどマラリア多発国への旅行を計画している人は、飲む予防薬があるので、医師に相談することをお勧めする。

ＨＩＶ、エイズ

タイでは人口の１～２％（約60万～120万人）がエイズ患者、５％（約300万人）がＨＩＶ感染者（保菌者）であると言われている。ご存じの通りイメージの悪い病気で、売買春、同性愛者同士による性交、薬物注射の打ち回しなどから感染するという印象が強いが、輸血、母子感染などからも起こり、最近では妻が夫からうつされるケースも多い。またタイ人の場合、一般の若い女性が性に開放的になってきているため、恋人や友人同士での感染も増加傾向にある。タイの都市部の高学歴層は、エイズに関する知識があるため予防できるが、農村部の貧しい若者は認識度が低いため、地方の売春婦に最も感染者が多いと言われている。死亡率の高い恐ろしい病気だが、Ｂ型肝炎より感染力が弱く、他人の血液や精液が自分の体内に入らないようにすればよいので、性行為においてもコンドームを使えば予防は可能だ。

A型肝炎

近頃は激減している病気だが、ウイルスを持つ食物を摂ることによって感染する病気。日本では生ガキを食べて感染するケースが多く見られる。主な症状は

病名と症状・予防法

高熱、頭痛、下痢、吐き気などで、約2週間から6週間後に発病する。発病後は10日～2週間ほどで治り、1度この病気になると再発することはない。95年にバンコクで開発されたワクチンがあり、摂取すると数年間は効き目があるので、定期的に予防接種するとよい。

B型肝炎
血液感染で、感染ルートはＨＩＶと同様、性行為や麻薬注射の回し打ち、輸血などから発病する。感染から数か月後に発病し、高熱、食欲不振、黄疸などの症状が出る。治療は可能だが、劇症肝炎になると危険。感染力の強い病気なので、予防ワクチンを打つとよい。

狂犬病
日本では犬が予防接種を受けるので、噛まれても感染の心配はないが、タイの場合は野良犬が多く、唾液の中に狂犬病ウイルスが含まれている可能性がある。発病してからでは高率で命を落とすことになるため、もし犬に噛まれたら半日以内にワクチンを打つようにすること。また、犬だけでなく、コウモリ、リス、ウサギ、猿、猫といった動物も、ウイルスを持っている可能性があるので注意する。

食中毒
不衛生な食品に含まれるサルモネラ菌などが原因の病気。食中毒の原因となる食事をした数時間後に激しい下痢、嘔吐、高熱などに見舞われる。予防には清潔な食物と飲み物を摂るよう心がける。

腸チフス
食中毒と同様、不衛生な食品を摂取することから発病する。症状が出るのが遅いので、高熱が出てもその原因になかなか気づきにくいのが特徴だが、医師の正しい診断がつけば心配はない。98年にはバンコク東部で約300人の患者が出た例もあるので、食中毒の予防と同様、清潔な食物と飲み物を摂るよう心がけることが大切。

◎その他、バンコクの大気汚染による結膜炎など目の病気や気管支系の病気、日射病、ごく稀に日本脳炎、ポリオなどに罹る場合もある。いずれにしても、体に何らかの異常が見られたら、無理をせずにすぐ医師に相談することが大切である。

【資料提供】
サミティウェート総合病院

両替と銀行口座

❶ 両替のあれこれ

タイに着いたら、まず携帯した現金を安全な場所に移すために、円をバーツに両替して、銀行に預金しておく必要がある。

97年のタイの経済危機以降、換金率の良かった両替商が次々と閉鎖されたが、最近になってまた店を開けるようになった。その中で最も有名でお勧めなのが、プラトゥーナムにあるティニーツアー（Tinny Tour)。ラーチャプラロップ通りのインドラリージェント・ホテル真向かいにあり、以前はティミーという名前で営業していた。黒い遮光フィルムでドアが覆われていて、一見すると入りにくいが、中はいつも混雑している。現金を渡し、両替票をもらって順番を持ち、両替をする。基本的に無休で、朝９時頃から夕方６時頃まで営業している。

現時点においては、銀行で換金してもレートに大きな差はないが、それでも両替商のほうが少しは得だ。銀行で換金して口座を開けば手間もかからないので、時間のない人、大きな金額を替えない人は、銀行で両替してもよいだろう。また、タイの場合、空港にある銀行両替所のレートが街の銀行のレートとまったく変わらないので、まず空港で当座必要な分だけ両替しても、損になることはない。ただし、ホテルでの交換率が悪いのは世界共通のことなので、ホテルでの両替はやむを得ない場合のみにとどめておこう。

日本へ一時帰国する時のことを考えて、日本円はある程度手元に残しておき、鍵のかかるスーツケースなどに保管して、タイで使うつもりのお金だけを両替するのが一般的なお金の管理方法だ。

❷ ローカル銀行で口座を開く

両替する分のお金を用意したら、次は銀行選びである。日系の銀行は一見便利そうだが、

- 日本円をそのまま預かってくれない。
- 最近、ノン・イミグラント・ビザを持っていない日本人の口座開設を基本的に受け入れなくなった。
- ローカル銀行に比べて利率が低い。
- ＡＴＭが使える範囲が限定されている。

という理由から、ローカル銀行の利用がお勧めだ。

口座を作るのに必要なものはパスポートのみ。銀行の窓口に行ってその旨を伝えると、係員が申し込み用紙を渡してくれる（用紙はカウンターには設置されていない場合がほとんど）。それに名前、タイの住所、パスポート番号などの必要事項を記入し、パスポートと共に差

ＡＴＭカードがあれば24時間お金を引き出すことができる。

し出せば、すぐに手続きをしてもらえる。ATMカードは必ず作ってもらおう。カードを持っていれば、全国のあちこちにあるATMでいつでもすぐにお金を引き出すことができる。日本のように通帳への記帳はできないものの、レシートが発行されるので残金はすぐに分かる。また、他銀行のＡＴＭを利用することもできる。

最近はサービスがかなり良くなり、大手銀行なら、その場でＡＴＭを発行してくれるようになった。

97年のアジア経済危機が訪れる前までのバブル期は、地元銀行の定期預金利率が10%近くもあった。今となっては夢のような話であり、銀行預金の目的はあくまでも安全対策となった。現在の利率は普通預金で0.75%、定期預金でも期間によって１～1.3%程度になっている。ＡＴＭ作成料は150バーツ程度。

【大手ローカル銀行】
バンコク銀行　Bangkok Bank　Tel.(02)645-5555
※日本語のホームページ:http://www.bangkokbank.com/Bangkok+Bank/About+Bangkok+Bank/Japanese+Relations/default.htm
クルンタイ銀行　Krung Thai Bank Tel.(02)255-2222
タイ農民銀行　Kasikorn bank Tel.(02)273-1199
サイアム商業銀行　The Siam Commercial Bank　Tel.(02)256-1234

バンコクの市内交通

❶ スカイトレインと国鉄

バンコクは、言わずと知れた悪名高い渋滞都市。どこを向いても、車、 車、 車の列である。

その昔に水の都と言われていた通り、バンコクは縦横無尽に流れる水脈を次々に埋め立てて道路が作られており、最初の段階で都市計画が行き届かなかったため、細い路地や行き止まりの道が多く、それが渋滞の大きな原因のひとつになっている。

そこへ救世主のように登場したのが、99年12月からスタートしたスカイトレイン（ＢＴＳ）だ。ＢＴＳは、ウィークエンド・マーケットがあるモーチットから、戦勝記念塔、サイアムを抜け、スクムビット通りをオーンヌットまで走るスクムビット線と、国立競技場からサイアム、ラーチャダムリ、シーロムを抜けてチャオプラヤー川向こうのサパーンタークシンまで走るシーロム線があり、この２線はサイアム（サヤーム）駅で合流している。現在シーロム線は、トンブリ側まで路線を延ばす工事をしており、2006年に開通予定だ。

さらに、地下鉄も2004年７月３日から開通した。ラーマ４世通りにあるフアランポーン駅から東へ向かってアソークに入り、北上してラチャダピセーク通りを抜け、チャトゥチャックの先のバンスーまで行く。スムーズな運行を図るため、ＪＲ東日本の「スイカ」と同様のＩＣ乗車カードが使われている。通常料金は区間によって14から36バーツで、混雑はなくＢＴＳよりも乗客数は少ない。

アパートや職場の場所によっては、まったくの渋滞知らずで快適なバンコクライフを送ることが可能となった。

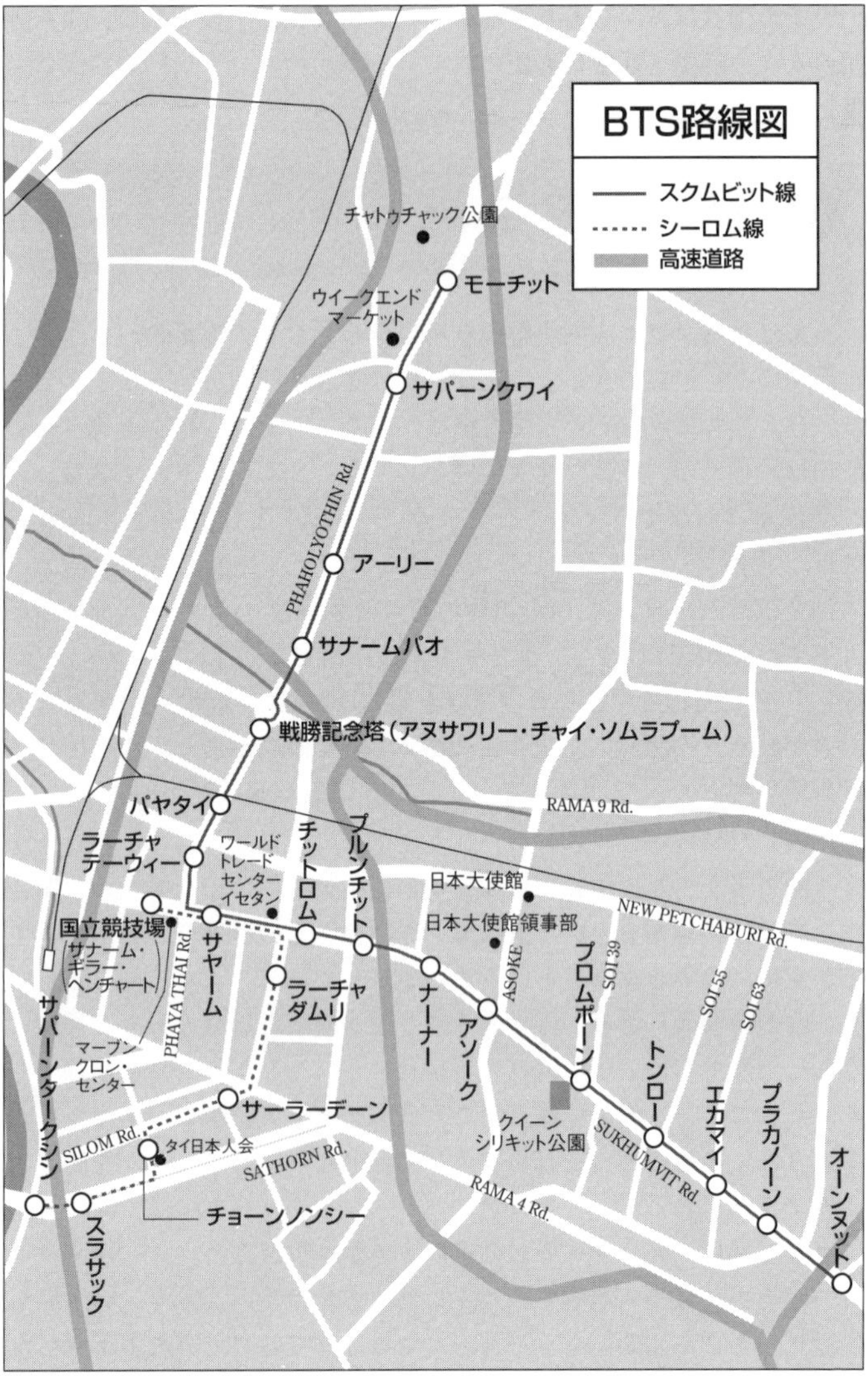
BTS路線図
スクムビット線
シーロム線
高速道路
チャトゥチャック公園
ウイークエンド
マーケット
モーチット
サパーンクワイ
PHAHOLYOTHIN Rd.
アーリー
サナームパオ
戦勝記念塔（アヌサワリー・チャイ・ソムラプーム）
パヤタイ
RAMA 9 Rd.
ラーチャ
テーウィー
ワールド
トレード
センター
イセタン
チットロム
プルンチット
日本大使館
日本大使館領事部
NEW PETCHABURI Rd.
国立競技場
（サナーム・
ギラー・
ヘンチャート）
サヤーム
PHAYA THAI Rd.
ラーチャ
ダムリ
ナーナー
ASOKE
アソーク
プロムポーン
SOI 39
SOI 55
SOI 63
マーブン
クロン・
センター
サパーンタークシン
サーラーデーン
クイーン
シリキット公園
トンロー
エカマイ
プラカノーン
SILOM Rd.
タイ日本人会
SATHORN Rd.
SUKHUMVIT Rd.
RAMA 4 Rd.
チョーンノンシー
スラサック
オーンヌット

タイの国鉄は昔からあり、地方への便利な交通手段として、また地元の人々の通勤・通学にも使われているが、バンコク市内の移動にはほとんど向いていない。

❷ バスとタクシー

バスは、バンコク市内を縦横無尽に走っており、何番のバスがどこへ行くのかを把握できるようになれば、かなり便利に使うことができる。ひとくちにバスといっても種類がいろいろあり、料金も違うため最初は戸惑うが、手軽な交通手段として最も多く利用されている。

全線４バーツで行ってくれるのが、ミニバス（緑色の小さなバス）。赤バス（車体が赤い）は全線５バーツ。民間の白い車体のバスは全線６バーツ、紺色の車体の冷房バスが８バーツ～（行き先によって料金が変わる）、クリーム色の冷房バスが11バーツ～（同様）、必ず座れるマイクロバスは全線20バーツ。近年、冷房なしのバスが減り、冷房バスが少しずつ増えていく傾向があり、料金の値上げも続いており、「バスは安い」という印象が薄らぎつつある。

注意したいのが、バスのフロントガラスの所に置かれた、行き先がタイ語で書かれた提示版。普通、この提示版の色は白なのだが、黄色だと高速道路を走るという意味で、赤い色のものは通常の目的地まで行かずに、途中止まりだということを示している。また、同じ番号でも、バスの種類によって行き先や通り道が異なる場合もあり、最初のうちはとんでもない所に連れていかれるというハプニングに遭遇するかもしれない…。書店や雑貨屋で、日本語版や英語版のバスマップが市販されているので、それを購入して自分なりにバスルートを研究してみよう。

タクシーは、メーターなしの車はすっかり駆逐され、メータータクシーが町中を数多く走っている。これはありがたいことで、いちいち値段交渉をする必要がなく、外国人でもほぼ安心して乗れるようにな

った。初乗り料金は35バーツで、メーターは時間と走行距離を計算して３バーツずつ上がっていく。ただし、朝夕のラッシュ時、雨が降った時など空車が少ない時間帯や、ホテルやショッピングセンター前などで待っているタクシーは、メーターを使わずに高い料金をふっかけてくる場合がある。空車が少なく、移動手段に困っている場合はともかく、普段タクシーを使う時は、メーターを使ってくれるタクシーを選ぶようにし、スタート時にメーターをちゃんと動かしているかチェックする習慣を身につけたい。

通常、**ドアの内側や前席シートの後ろ側に車両番号が書いてある黄色いステッカーが貼ってあるが、白タクにはそれが見あたらない**。車内を覗いて、ステッカーのないタクシーはなるべく乗らないほうが無難だ。また、運転手の写真つき身分証明書が客に見えるよう車内に提示してあるが、写真の人物と運転手が全くの別人、ということもしばしば。しかし、これはタイらしいご愛敬ということで、気にしていたらきりがなくなってしまう。

❸ タイらしい交通手段

タイには、日本人にとって珍しく思える交通手段が数多くある。

中でも最も有名なのが、交渉制の**トゥクトゥク**（サームロー）で、タクシーに入りきらない大きな荷物を抱えた時や、タクシーの初乗り料金より安い近距離の範囲へ行ってもらう時に便利。車高があり転倒の危険性が高いということで、乗るのを避ける人もいる。

モーターサイ（オートバイタクシー）は、渋滞時やソイ（細い路地）の中を走るのに活躍する乗り物。ゼッケンをつけたお兄さんの所へ行き、値段交渉をしてオートバイの後部座席に座る。彼らは客の順番待ちをしているので、手を挙げて合図をすれば、次の順番の人を指さしてくれる。スカートの女性も横座りになって乗っているが、やはり事

故が多いので、よほど時間に余裕のない時以外は乗らないほうがいい。

船は渋滞がない移動手段として、昔から活躍している。通勤に最も利用されるのが、ペッブリー通りに沿って流れるセーンセーブ運河の船（6バーツ～）。汚染され尽くした真っ黒な運河を、かなりのスピードで走るので、水しぶきが飛び、時にはびしょ濡れになることも。船の乗り降りの時もかなりのスリルがあり、水の中へ落ちた人の話が、よく噂になって流れてくる。これを「おもしろい」と思える人だけに勧められる移動手段だが、地元の人々はごく普通に船を利用している。

このほか、限定された地域だけ、たとえばひとつのソイの中だけを走る乗り物もある。代表的なのが、ソーンテオという、トラックを改造して細長い座席を付けた乗り物。値段も2～3バーツと安く、降りたい場所で止まってくれるところが便利な乗り物だ。また、トンロー(スクムビット、ソイ55)では、ソイを行ったり来たりする専用の赤いバスがあり、値段は3バーツ。日本のように、駅まで自転車やオートバイを利用する、といった環境でない分、公共の乗り物がタイらしい形で発展している。

シーロムやスクムビットなどのオフィス街を通っているので通勤に便利なスカイトレイン。

在留届と日本人会

❶ 在留届

在留届とは、旅券法第16条（外国滞在の届出）により、ノン・イミグラント・ビザを取得してタイに３か月以上滞在する場合に、大使館領事部に提出しなくてはならない届けのこと。これは、パスポートの切り替えや各種証明書の申請の際に必要となり、また不慮の事故に巻き込まれた場合の救護活動や安否の確認のための情報ともなるので、長期滞在の際は必ず届けるようにしよう。

■在留届の提出方法

在留届を提出するには、まず大使館領事部もしくは日本人会で用紙をもらい、必要事項を記入する。家族が一緒の場合でも、１家族で１枚提出すればＯＫ。提出の際は、この用紙とパスポートまたはそのコピーが必要で、大使館窓口に直接持っていくか、郵送する。また、住所等の変更事項がある場合や帰国する際にも連絡が必要だ。

【在留届の郵送先】
日本大使館
Consular Division, Embassy of Japan, 1674 New Petchburi Rd. Bangkok 10320

【和文の在留証明書が必要となる場合】
タイ国内の不動産の売買／遺産の相続
自動車の売買／年金、恩給の受領
帰国後の入学試験に応募する場合など

【英文の在留証明書が必要となる場合】
タイ国運転免許証の取得または更新／車両の購入、売却など

申請には、大使館備え付けの在留証明発給申請書、パスポート、申請料（和文＝450バーツ、英文＝800バーツ）が必要。

❷ タイ国日本人会

■日本人同士の交友と情報収集の場

日本人会は、盛りだくさんの行事・催し、各種の部・サークル・同好会の活動、有益な情報の無料送付、緊急時の連絡など、タイでの生活をより豊かに安全に送り、日本人同士の交友の場を広げるための会。現在の会員数は18歳以上で9,000人を越える規模となっている。義務ではないので、個人の任意で入会するしくみ。

【入会方法】

入会の際には顔写真２×３cm（会員証作成のため）、パスポートのコピー、入会金と数か月分の会費、銀行口座引き落としにする場合は銀行口座名の控えが必要となる。直接日本人会に行って申し込む。

●普通会員：タイ国在住の18歳以上の日本人

家族の場合は、夫婦で入会することが条件（18歳以下の子供は、両親が入会した場合、日本人会への活動参加、クラブ施設利用が会員と同様にできる）。

入会金	世帯の1人目	300バーツ	2人目の会員	100バーツ
会費	世帯の1人目	月100バーツ	2人目の会員	月50バーツ

●準会員：かつて日本国籍を有した人で、婚姻その他の理由により日本国籍を離れた人、または両親のいずれかが日本国籍を有していた人。

入会金は普通会員と同じ、会費は月50バーツ。

日本人会の会員になると…

1　月刊誌「クルンテープ」の無料配布
2　会員名簿の無料配布
3　行事・催し物・連絡事項などの「お知らせ」の無料配布
4　各種同好会への参加
5　青少年サークルの利用（会員子弟のみ）
6　レストラン、ラウンジ、図書室、ゲームルーム、会議室などの施設利用
7　生活情報セミナーへの参加
8　後援会、新年会、旅行会などへの参加
9　メイドさん紹介サービスの利用
10　大使館からの安全緊急情報の連絡

【同好会】
コーラス、演劇、太極拳、ソフトボール、短歌、将棋、囲碁、日タイ交流、ブリッジ、卓球、ゴルフ、テニスなど、さまざまな同好会が活動している。会員の子弟向けにも、テニス、バレーボール、演劇、野球、柔道、器楽など、多くの青少年サークルがある。

【恒例行事】
日・タイラムウォン盆踊り大会、チャリティー文化祭、チャリティーバザー、ソフトボール大会、日本留学生会との親善ゴルフ大会、日タイ交流会・日本語弁論大会など。インフォメーションは無料で月に3回送付されてくる。

【タイ国日本人会】
Japanese Association in Thailand
1st Fl. Sathoran Thani Bldg.,
92/1 North Sathorn Rd.
Bangkok 10500
Tel. 233-7504, 236-1148, 236-1128
Fax. 236-1131

◎事務局 (第１土曜日休み)
月～金：午前９時～午後５時
土：午前９時～正午
◎クラブ会館・クラブ食堂
午前10時～午後９時 (年中無休)

インターネットと電話

❶ タイのインターネット事情

海外生活に今や必需品となったのが、E-mailとインターネットだ。

インターネット上には日本の主要新聞のホームページがあり、日本の情報も海外にいながら収集することができる。数年前までの海外生活者は、日本の情報に疎くなって日本との距離が開いていき、いざ帰国してみたら「浦島太郎」状態に陥ることもしばしばだったが、インターネットにより日本との距離を縮めることも可能だろう。ビジネスによっては日本や世界の情報を素早く収集することが要求されることもあり、インターネットは情報収集ツールとして最高の力を発揮する。

しかし、タイにおけるインターネットの環境は、日本ほどは整えられていない。

インターネットのためのツールであるコンピューターの普及率が低いことが、その理由として挙げられる。会社などではかなり普及しているものの、低所得者が大部分を占めるタイでは、個人所有者はそれほど多くない。欧米や日本に比べてユーザーの数が少ないため、環境も整えられないことになる。

タイでも大手プロバイダーのほとんどがＡＤＳＬを導入しており、ＩＳＤＮを採用している会社も中にはある。ただし、設置料金が日本では考えられないくらい高いため、法人向けであり、個人には不向き。また、回線などのインフラ面が技術的にまだ未熟な部分があるため、「高速」と企業が謳うほど早いという実感は得にくい。日本で光ファイバーやＡＤＳＬに慣れてしまった人にはじれったいかもしれないが、個人はダイヤルアップで十分。実際、個人でＡＤＳＬなどに加入して

いる人は少ないようだ。

■プロバイダーについて

プロバイダーは現在20社ほどあるようだが、ほとんどが通信関連の企業であるため、アクセスポイントを地方にも持っているところも多い。しかし、会社によっては数県しか置いていないところなど、かなり開きがあるので、バンコク以外の地域で使う人は加入前によく調べておくことが必要だ。タイの場合、こういったプロバイダーと契約してインターネット・サービスを受ける方法と、これらのプロバイダーが販売しているお試しＣＤ－ＲＯＭセットなどでアクセスする方法がある。このお試しセットは20時間など時間が限定されているもので、ＣＤ－ＲＯＭごとにＩＤが決められており、その時間を越えたら自動的にＩＤが通らない仕組みになっている。これを使っていくつかの会社のものを試し、そのプロバイダーの実力を試してから、決めるのも良いかもしれない。

プロバイダーをやっている通信系の会社は、97年の経済危機以降、経済状態が悪化したところがあり、そういった会社では接続回線の数が少なく、混雑時にはダイアルアップしてもホストサーバーにつながらないということもある。そればかりか以前はプロバイダー自身の技量が乏しく、サーバーが落ちたりしてしまったこともしばしばあった。また、会社同士の合併などで、何の告知もなく突然ユーザーのメールのアドレスが新会社のサーバーアドレスに変更されたということもあった。さすがにそういったことは最近では少なくなったが、プロバイダー選びは慎重にするに越したことはない。

プロバイダーとの契約料金は、日本に較べてかなり割高である。

年々、改善されてはいるものの、だいたいの相場は1か月600～1000バーツくらい。ただし、タイの場合、アクセスポイントが市内にある限り、電話の通話料金は1回3バーツで何時間でも使えるのが大きな利点だ。市内への電話料金は、1回つないでしまえば切るまで3バーツなので、日本より割安感があるかもしれない。

最近は市内のあちらこちらで、インターネットサービスを行う店も増えてきている。サイバーカフェの類だが、日本語環境のある店もいくつかあり、フリーメールを使ってWEBブラウザーからメールを配信できるようになった。長期滞在者にはあまり便利とはいえないが、コンピューターのない人、来たばかりの人には有効な手段となるかもしれない。

数年前より、バンコクから市内に電話をするときも、市の局番である02を押さないと通じなくなった。インターネットでダイヤルアップするときも同様なので気をつけよう。

【タイの主要なプロバイダー】

・CS Loxinfo　(02)263-8222
・Internet Thailand　(02)257-7111
・TRUE　(02)900-9000
・Samart Connect　(02)975-5444
・A-net Internet　(02)861-1555
・Pacific Internet　(02)299-0288

プロバイダーはその時の加入者の数や回線数などで、接続環境の良し悪しがあるが、上記の5社は比較的安定している。これ以外にも日本人スタッフがいる会社があるが、これらはほとんどがコンピューター関連会社で、上記のようなタイの代表的プロバイダーの代理店の場合が多い。インターネット初心者はこういった日本人のいるコンピューター会社を使うのも一つの手段だが、渡タイする前にできればコンピューターの操作法、設定方法などを学んでおくのが望ましい。

❷ 携帯電話

一般電話回線の整備が滞っているタイでは、ここ数年で携帯電話の利用が爆発的に広がっている。普及に一役買っているのは、外国人でも簡単に入手できるプリペイドカード式携帯電話「1－2ＣＡＬＬ（ワンツーコール）」である。

【1】プリペイドカード式携帯電話「1－2ＣＡＬＬ」

マーブンクロンセンターなどのショッピングセンター内や、大通り沿いにあるブースなどに、携帯電話が並んだショップがあるので、そこで携帯電話と電話番号を購入する。値段は、機械が新品で3,500バーツ前後、中古で1,500バーツ前後。店先には電話番号がズラリと書き連ねた紙が張り出されていて、自分の好きな番号を選ぶことができる。番号を選んだら、電話番号が登録されているＩＣチップ「ＳＩＭカード」を800バーツ程度で購入する。

通話料となるプリペイドカードは50バーツ分から販売されており、30日間など期間限定で使用できる仕組み。カードはコンビニなどでも販売されている。使わなかった分の返金はきかないが、使い過ぎは防ぐことができる。また、国際電話も「009」番でかけると、1分当たり日本へ7～9バーツと、非常に安く国際電話をかけることができる。

ただし、日本でも犯罪に利用されて問題になっている通り、簡単に入手できる分、悪用されるケースが多いことも事実である。そのため、防犯対策の一環で、2005年5月から購入の際にタイ人ならＩＤカード、外国人ならパスポートの提示が必要となった。しかし、例によって行政指導は各店にまったく徹底しておらず、パスポートなしで購入できる状況が続いている。

【２】ＧＳＭ携帯電話

ビザ取得や旅行などで、近隣諸国へお出かけの機会も多いタイライフ。そんな時に活躍するのがＧＳＭ（Global System for Mobile Communications）である。日本と韓国をのぞき、100カ国以上で使われている世界標準の携帯電話のネットワークで、頻繁にタイ国外へ出る人にとっては非常に便利。タイ国外では、渡航先の国のＳＩＭカードを購入して、タイで買ったカードと入れ替えるだけで、タイにいるときと同じように携帯が使える。

ただし、一般の携帯電話と同様、外国人が個人名義で持つ場合、ワークパーミット（労働許可証）が必要である。許可証のない人たちは、タイ人や許可証を持つ日本人などに頼み、その人名義で購入する必要がある。機械は8,000バーツぐらいから。通話料の基本料金は300～500バーツ、１分３～４バーツ。

携帯電話の種類は、ＧＳＭ以外にも多数あり、デジタルかアナログか、あるいは使用可能範囲がタイ全土かタイの都市部、バンコクのみかなど、機種や売っている会社によってかなり差がある。しかし、ＧＳＭを買わないのであれば、プリペイド式で十分と思われる。

【３】ＰＣＴ携帯電話

日本でいうＰＨＳである。一般の携帯電話よりも基本料金と通話料は安いが、使用範囲が限られており、車での移動中やビルの中では通じにくい。据付の一般電話の子機であるため、一般電話を持っている人でないと使えない。ＰＣＴに電話をするときは、まず一般電話と同じ番号をプッシュする。電話会社のコンピューターが応答するので、一般電話につなぎたい時は「０」を、ＰＣＴにつなぎたい時は「１」を押す。番号が同一で済むこと、子機を何台も増やすことができるなど、ケースによってはＰＣＴが便利だと感じる人もいるだろう。基本料200バーツ、１回の通話料は、一般電話と同じ３バーツ。

車の免許証

バンコク都内のように交通機関が発達した地域ではあまり車の必要性は感じさせないが、それでも車の免許証はあった方が便利だ。特にビジネスの際には、車を運転できるのとできないのとでは、かなりの差が生まれる。営業職に就く際は、機動性のある車を持っていると重宝するし、業種によっては免許がないと職を得られないこともある。

日本で取得した国際免許証を持っていれば、そのままタイ国内での運転も可能だが、持っていない場合はタイで取得することもできる。

❶ タイの免許証に書き換える

日本の免許証を持っている人は、それをタイの免許証に書き換えればタイ国内で車の運転ができる。

また、国際免許証を日本の管轄の警察署で取ってきた場合も、タイの免許証に切り換えてもらうことができる。もちろん、切り換える前の国際免許証でも有効期間中（1年間）はタイで使用できるので、タイに短期間のみの滞在ならそのままでも問題はない。

運転免許を発行してくれる陸運局の試験場は、バンコクには数か所ある。居住地域を管轄している陸運局へ行くことが必要なので、アパートの管理人などに該当地区がどこなのか、聞いて確認しておきたい。この試験場に以下の必要書類を持っていき、申請すれば免許を書き換えてもらえる。書き換えの手数料は105バーツ。

【免許証の書き換えに必要な書類】

①パスポートとコピー（コピーにはサインをページごとにつける）

②写真（3×2㎝）2枚
③英文の在留証明書（タイの日本大使館で発行のもの）
④健康診断書（タイの病院、クリニックで取ったもの）
⑤日本の免許証または国際免許証とそのコピー
⑥日本の免許証の英文翻訳証明（タイの日本大使館発行のもの。国際免許証の場合は必要ない）

❷ タイで免許証を取得する

■教習所と免許試験

タイで新規に免許証を取ることもさほど難しくはない。日本よりも簡略で時間がかからないが、日本のような至れり尽くせりの教習所はない。教習所に準ずる学校は、免許証を発行する陸運局の公認ではなく、ほとんどがコースを持っていないため、実技は最低限を教えてくれるのみ。ギアの入れ方、アクセルとブレーキの使い方などをレクチャーした後、教習所の近くの車の通行量の比較的少ない道路で運転教習が行われる。費用の目安は1時間200〜400バーツくらい。15時間くらい教習を受けると、およその運転はできるようになる。

実技の取得などにどうしても不安な人は、日本の未公認の教習所などである程度、練習してくるのがよいだろう。

試験は免許証の書き替え同様、陸運局の試験場で受ける。

試験は筆記と実技だが、外国人なら英語の筆記試験を受けることもできる。交通標識などは日本とほぼ同じなので、さほど難しくない。筆記が先でこれに受かれば実技となるが、日本の実技テストよりかなり時間は短く、基本的運転技術のみができればＯＫだ。しかも試験場のコースで行われるため、日本よりもやさしい。これで合格すれば免許がその場で発行される。所要時間は3時間ほど。

手数料は現在105バーツ。提出書類をそろえるのに1500バーツ前後

かかるが、総額でも日本よりも断然安く免許を取ることができる。

【免許証の新規取得に必要な書類】
①パスポートとコピー（コピーにはサインをページごとにつける）
②写真（3×2㎝）2枚
③英文の在留証明書（タイの日本大使館で発行のもの）
④健康診断書（タイの病院、クリニックで取ったもの）

■タイで国際免許証を取る

タイの（国内）免許証があれば、外国人でもタイの国際免許証が取得できる。陸運局に以下の書類を提出すれば、2週間ほどで国際免許証が郵送されてくる。手数料は現在105バーツ。

【国際免許証取得に必要な書類】
①タイの（国内）免許証
②パスポートとそのコピー
③英文の在留証明書（タイの日本大使館で発行のもの）
④写真2枚（パスポートに貼ってあるのと同じものがよい）
⑤郵便切手14バーツ

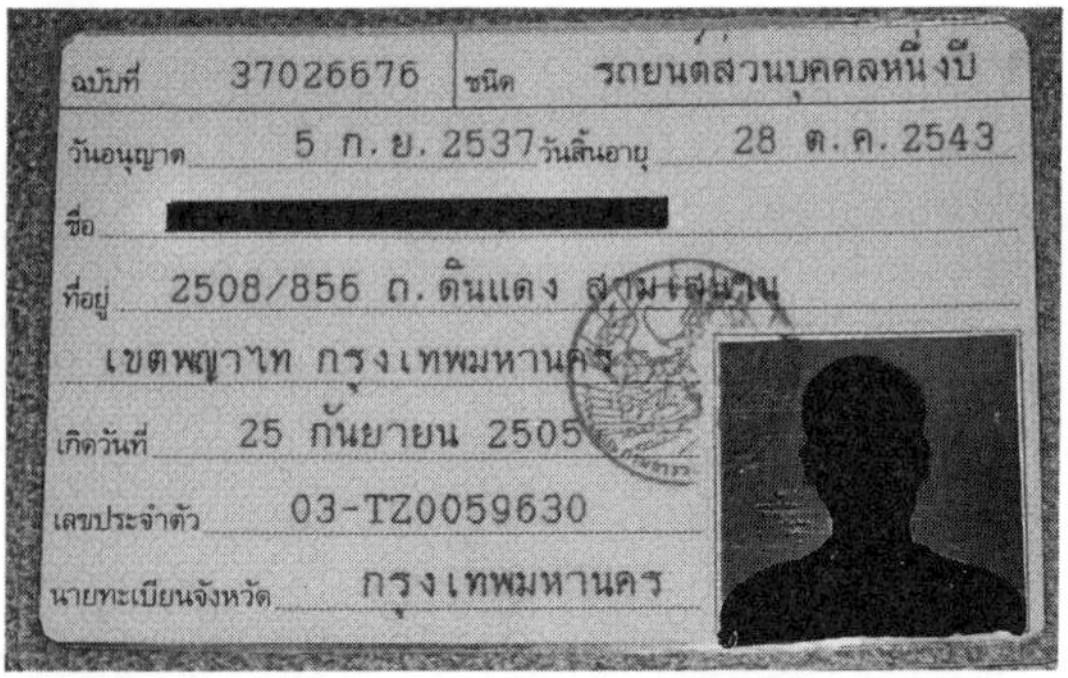
ฉบับที่ 37026676 ชนิด รถยนต์ส่วนบุคคลหนึ่งปี
วันอนุญาต 5 ก.ย. 2537 วันสิ้นอายุ 28 ต.ค. 2543
ชื่อ [redacted]
ที่อยู่ 2508/856 ถ.ดินแดง
เขตพญาไท กรุงเทพมหานคร
เกิดวันที่ 25 กันยายน 2505
เลขประจำตัว 03-TZ0059630
นายทะเบียนจังหวัด กรุงเทพมหานคร

1年間有効のタイの免許証。3か月以上タイに滞在していれば日本の免許証に書き換えることもできる。

パスポートの管理

「チャトゥチャックへ行きたいんだけど、何番のバスに乗ったらいいんですか？」

タイに住み始めて、地元の人々に溶け込んだ生活をしていると、通りすがりのタイ人からよくこんな風にバスの番号や道を尋ねられる。相手は完全にこちらをタイ人だと勘違いしているわけで、同じアジア人同士の間でさえ、外見だけで相手の国籍を判断することは難しい。

パスポートは、外国へ出かける時だけに必要となるものではなく、海外においてはあなたが日本人であることを証明する大切なもの。特に何かのトラブルが発生した場合は、唯一かつ決定的な身分証明書として効力が発揮される。

むろんそれだけではなく、タイに住むため、働くためにもなくてはならないものだから、紛失、盗難、また残りの有効期限、査証の余白などには日頃から充分な注意が必要。きちんと管理して、早めに手続きを済ませておけば、ビザ更新やタイ入国の際に、パスポートの有効期限が足りなくて追い返される、といった事態を避けられる。

❶ パスポートの新規発給・増補

新規発給　パスポート有効期限が１年未満になると、新規発給申請ができる。また、査証（出入国、ビザのスタンプを押すページ）の余白がなくなった時は増補もできるが、この場合は１年以上の有効期限が残されていても、パスポートの新規発給申請をすることも可能。ちなみに、タイへの入国の場合は、６か月以上の期限の残りが必要となる。

【必要書類】
①大使館備え付けの一般旅券発給申請書
②戸籍謄本（抄本）
*戸籍謄本は、在留届を提出して３か月以上が経過していれば、免除される場合がある。ただし、姓名の変更、移籍などがあった場合は不可。
③写真２枚（縦4.5×横3.5cm）６か月以内に撮影したもの
④現在使用中のパスポート
⑤手数料

増補　24ページの増補が行われる。増補の申請は１回のみ可能で、２回目からは新規発給手続きをとる。
【必要書類】
①大使館備え付けの増補申請書
②パスポート
③手数料

❷ パスポートの再発給

パスポートを損傷したり、紛失、盗難に遭った場合は、再発給の手続きをする。紛失、盗難の場合は、現地警察からの紛失証明書を用意しなければならない。再発給には通常２～３週間かかる。

【必要書類】
①大使館備え付けの発給申請書
②写真２枚（縦4.5×横3.5cm）６か月以内に撮影したもの
③損傷したパスポートまたは紛失（焼失）の事実を立証する書類
④手数料

タイは安全か？

タイはアジアの中でも比較的治安が良く、生活する上で困るようなことはほとんどない。それでも、スリ、空き巣、サギ事件など小さな事件は多発している。以下によくあるトラブルとその対処法を紹介するので、各自で気をつけるようにしよう。

スリかっぱらい
白昼大通りを歩いていて、オートバイに乗った男にバッグをひったくられた、デパートや通りで買い物をしている時やバスに乗っている時に、バッグを鋭利な刃物で切られ財布やパスポートを抜き取られた、レストランで置き引きにあった、などの事件が頻発している。バッグは、必ず身体の前に持ってきて抱きかかえるようにして持ち歩き、目の届かない所に置きっぱなしにしないよう気をつけよう。また、バッグは皮製などナイフで切り裂きにくい素材を選ぶことも大切。

泥棒、空き巣
管理が行き届いていないアパートでは空き巣に注意。また、オフィスなどでも、自分の机に鍵をかけずに高価なものを入れっぱなしにしておくと、盗まれる可能性がある。

サギ
「宝石を安く買って日本で高く売りませんか」という観光客を狙ったサギが有名。居住者に対しては、偽造プリペイドカードなどの販売、共同事業者による資金の持ち逃げ、債務者の失踪、知人に貸したお金が戻らないなど、最初から騙そうという悪意の有無はともかく、こうしたサギまがいの事件は多い。どこへ行ってもうまい話はそうそう転がってはいないのだと肝に銘じておこう。また、同じ日本人だからといって、安易に信用するのは危険。タイ人の恋人(?)によるお金の持ち逃げ事件も多い。

◎その他、タクシーやレストランで通常料金より高い金額を請求される、女性が深夜１人でタクシーに乗っていて襲われそうになった、親切顔で勧められた飲み物に眠り薬が入っていたなど、いろいろなケースがある。

ガイド
○
タイで学ぶ

改訂版

タイ語をマスターする

❶ 学習期間の目安は6か月

■就職前にタイ語を集中して勉強しよう

タイで働くために必要な技能は何だろう？　そう考えて、真っ先に思い浮かぶのは、やっぱり言葉のこと。タイではもちろんタイ語が日常使われているので、ある程度のタイ語能力がないと、仕事の面でも生活の面でもかなり不自由な思いをすることになる。タイ人は正直なタイプが多いので、「なんだ、タイに住んでいるくせにタイ語も話せないのか」とプイとそっぽを向かれてしまうこともあり、これを何度も繰り返されると、かなり精神的なダメージが大きくなる。少なくとも、仕事仲間にはそうは思われたくないものだ。

街の中の看板ももちろんタイ語。文字が読めると便利だ。ちなみにこれはクリーニング屋。

では、タイ語をどの程度学習すれば良いのか。理想を言ってしまえば、文字まで進むのが一番。タイ語は発音がとても微妙で、日本語で言えば「雨」と「飴」のように、発音によって意味がまったく異なる単語がとても多い。これを耳から覚えて会話に使っていくこともできるが、タイ文字さえ読めるようになれ

ば、各単語の発音の差は一目瞭然。その後の学習スピードに大きな差ができるし、発音が悪いがためにタイ人に会話が通じない、ということもずいぶん少なくなる。初級会話コースにあと２か月ほどの学習期間をプラスするだけで、タイ文字を判読できるようになるので、金銭的、時間的にゆとりのある人は、ついでに習っておくことをお勧めする。

言葉を学習するにはある程度の時間が必要となるし、仕事の片手間に勉強することも難しい。よって、タイに来てすぐ就職するよりは、生活に慣れるためにも、まずタイ語学校へ集中して通うほうが効果的かつ効率的だ。期間は最短で３か月、半年あれば文字の読み書きまでを覚えることができる。タイは物価が安いから、無駄遣いさえしなければ50〜60万円ほどの低予算で、半年ぐらいは生活できる。もし、タイ語能力試験・ポーホックまでを目指すのであれば、最低９か月は期間を見たほうがいい。

タイ語学校はバンコクに数多くあるため、学校探しに不自由はしない。もし集中して勉強するつもりなら、プライベートレッスンや、自分で自由に時間を選べるタイプのグループレッスンではなく、学校側でスケジュールを組んで教室を開くタイプの学校を選んだ方が良い。学校で決めたスケジュールに従って勉強すれば、間違いなく一定期間で基礎を学習できるし、学校を休めばたちまち他の生徒に置いていかれるから、多少の不都合があったり、怠け心が出ても、頑張って学校へ行こうという気持ちになる。プライベートレッスンやグループレッスンは、仕事をしながら勉強したい人にお勧め。また、ある程度基礎のある人にも向いている。

タイ人の友達にタイ語を教えてもらったり、教本片手に独学するという手もあるが、タイ語学校のカリキュラムに添った学習が何よりなので、タイ語初級者の人にはあまりお勧めできない。

☞ **バンコクの主なタイ語学校については、カリキュラムの特徴、コースの詳細と料金などをインフォメーションで示した。**

■学生ビザについて

学生ビザを取得するためには、タイ語学校でインビテーション・レターを書いてもらい、学校を通じてタイ文部省からのレターも用意してもらわなくてはならない。他のビザと同様、その時の情勢やビザを取得する場所（国）によって必要書類が異なる場合があるので、最新の情報を持つ学校側によく説明してもらい、ビザを取りに出かけよう。学生ビザは個人で取得するもので、旅行代理店などがパッケージを組んでいるビザ取りツアー（6ページに詳しい）には参加できないようだが、とりあえず代理店に相談してみてもよい。

タイ語学校側では、基本的に長期間学ぶ生徒以外のビザ取得を許しておらず、最初に9か月、1年分の学費を払うことを条件に出す場合がある。

だが、3か月に1度国外に出なければならないものの、**観光ビザでも学校に通うことはできる**ので、まとめて最初に学費を支払ってまで学生ビザを手に入れる必要性はあまりないという意見も多い。ビザ取得費用は交通費、宿泊費などトータルで1万バーツ前後。

❷ タイ語能力試験「ポーホック」

タイ語能力試験「ポーホック」は、小学校6年生を卒業できる程度のタイ語能力があるかを判定する国家試験。ポーとはプラトムスックサーの略で小学生、ホックは数字の6という意味で、タイ人も必ずこの試験を受けて小学校を卒業している。ただし、我々外国人が受ける試験は外国人向けにアレンジされたもので、ネイティブの小学6年生のタイ語レベルとはまったく違う。それでも、タイ語を学習する外国人の大きな目標となっており、就職の際にも役立つ資格のひとつに挙げられる。

ずいぶん以前から、外国人向けタイ語試験はモーサーム（中学3年

生）に統一しようか、という話が出ている。これが実現すれば、かなり試験内容が難しくなるので、試験のたびに「これがポーホックを受けられる最後のチャンスかもしれない」という噂が立ち、比較的簡単に取得できる今のうちだとばかりに、毎回数多くの人が受験にのぞんでいる。

■テスト内容

テスト課目は手紙、作文、ヒアリング、ペーパーテスト、音読の5つで、会話能力よりも筆記能力が重要視される。

手紙は両親、親戚、先生、友人などへ宛てる手紙もしくはビジネス文書などを、指示された内容通りに書くというもの。たとえば、親戚から送られた就職祝いのお礼の手紙を書きなさい、というような形で指示が与えられる。

作文は与えられたテーマに従って書いていく。最低限書かねばならない分量が決まっており、スペルミス、文法ミスなどで減点されるが、最も大切なのは、テーマに沿った内容をきちんと書いているかどうか。この作文が最も重要な項目となっている。

ヒアリングはタイ人担当官が読み上げたタイ語を聞きながら、テスト用紙にその通り書いていくというもので、読み上げるスピードについていけるか、たとえ知らない単語を言われても、きちんと発音を聞き分けてスペルを書けるかどうかがポイントとなる。

ペーパーテストは設問の正しい答えを選択して答える形式のもの。英語のテストと同様、この単語と同じ意味の単語を選べ、というような問題が出される。このテストは優れた読解力が必要になり、優秀な人でもあまり点数を稼げない課目。

音読はタイ語の長文が書かれた用紙を担当官の前で読みあげるというもの。タイ語は発音が難しいが、文字をきちんと読めればどのように発音すべきかがすべて分かるので、ここは点数を稼げるところだ。

試験は全科トータル100点満点で50点以上が合格。数年前は年に2

回試験があったが、今は毎年12月の１回きりで、受験料は１人300バーツ。

テスト内容を見ても分かるように、決していい加減な気持ちでは合格はできない。とはいえ、手紙、作文、ヒアリング…といった課目は毎年変わらず、いくつかの出題パターンを覚え、試験向けの勉強をすれば、たいてい一発で合格することができる。受験希望者はタイ語学校に入学して、ポーホック試験コースで学ぶ必要があり、個人的に受験することはできない仕組みとなっている。

人によっては、この試験にあまり重きを置かない人もいるが、タイ語学習を一段落させる良い節目となるし、文字の判読力もかなりつく。また就職の際に、企業側にある程度自分のタイ語レベルを知らせる目安にもなるので、試験を受けて決して損になることはないだろう。ポーホックを受ける人は、初級コースからポーホッククラスまで９か月～１年ほどかけて勉強するか、もしくは初級コースを終わらせ、とりあえず就職をして、しばらくして仕事をしながら勉強、受験する人が多い。

■日本でタイ語能力試験を受ける

日本では、財団法人アジア学生文化協会（ABK）アジアセミナー（128ページ参照）で毎年タイ語検定試験を開催している。１級から５級までのレベルに分かれており、東京、名古屋、広島、札幌で受験できる。ただし３級以上になると２次試験があり、２次試験の会場は東京のみとなる。合格ラインは満点の７割。

▶５級　語彙数約500、ごく初歩的な会話・文章の聴き取りができること。検定料4,200円

▶４級　語彙数約2,000、一般的文法を理解し表現できること。検定料5,250円

▶３級　日常会話および新聞・雑誌の一般記事などの大意がつかめ、正しい発音ができること。検定料6,300円

▶2級　社会生活に必要なタイ語および新聞・雑誌の社会面を読み、訳せること。検定料8,400円
▶1級　極めて高度なタイ語能力を有し、会議通訳、一般翻訳などができること。（1級は開催しない場合がある）

英語は高級語!?

不思議なことに、英語を話すタイ人の一部は、こちらがタイ語で話しかけても、なぜか英語で受け答えをしてくる。

こちらの使うタイ語があまりに下手なので、親切心で英語を使ってくれている場合もあるのだが、これはタイが階級社会であり、英語を話せるイコール上流階級の人間である、という証のひとつになっているためでもある。たとえば、もしあなたがタイで働き始めたとして、初対面のタイ人に「日本人です」、「タイで働いています」と挨拶すると、相手から「それでは英語が話せますね?」と、まず最初に確認される場合がある。そして、自らも英語を話すことで、自分の地位が高いことを相手にはっきりと示すのだ。

階級社会に不慣れな日本人は、こんな時に戸惑ってしまう。でも、郷には入れば郷に従え。タイに住む日本人の多くは、たとえば一流ホテルに足を運んだ時などに、どれだけ流ちょうにタイ語が話せる人でも、必ず英語を使うという。もちろん、ビジネス・シーンでも英語が必要となることが多い。会議上では英語のみを使うという会社もたくさんあるし、書類が英語の場合も多い。英語圏の人々との会話の機会も増えるだろう。また、営業や交渉の際に、タイ語より英語で会話をするほうが所属する会社やあなた本人に対する信用度も高くなり、うまく話が進む場合が多い。だから、英、タイ両方が話せる人は、仕事の面でとても有利となる。

仕事というのは、人と人との信頼関係の上に成り立っているもの。コミュニケーションがうまく取れる人は、信用も得やすく、誤解を招くことも少ないだろう。そうした意味でも、言葉は本当に大切なものだと言える。

技術を身につける

タイで働くとともに、日本に帰国後も役立つ技術を身につけておきたい。そんな人たちのために、いろいろな講座がタイで開かれている。フルーツカービングなど、タイならではの技術はもちろん、日本の講座をそのままタイへ導入したものもあり、最近は幅広い選択が可能になり、学ぶ側が学校を選択できる時代となった。習い事によっては、免状や修了証ももらえるので、学ぶ上で大きな励みにも目安にもなる。また、どの講座にも「タイで学ぶからこそのメリット」が必ずあるので、受講してみる価値は大。ただし、たとえ免状をもらったとしても、それがそのまま就職へのパスポートとなるのではなく、あくまでも自分の仕事に必要となる技術を磨くことが基本であることを、忘れてはならない。

❶ カルチャー・スクール

現在、バンコクの中で最も充実した内容を誇るカルチャー・スクールといえば、「ボイス・ホビー・クラブ」。日本人経営で、講師はタイの一流陣揃い。講習では必要に応じて日本人通訳もしくは日本人アシスタントがつくので、言葉の問題がまったくない点もありがたい。

ここで学べるものは、タイ料理、フルーツカービング、バティック、パステル画、水彩画、デッサン、水墨画（はがき絵)、アメリカンフラワー、パンフラワー、フラワーアレンジメント、紙ねんど、シャドーBOX、宝石講座、ステンドグラスなど実に多彩。生徒は駐在員の奥さんが中心だが、仕事に役立てたい、日本でカルチャースクールの講師になりたい、という人も積極的に参加しており、実際にここを卒業し

て日本各地で活躍されている人たちも大勢いる。

今の時代は、フルーツカービングなどタイならではの技術を日本でも受講できるし、アメリカンフラワーなどはタイでわざわざ学ぶ必要がないようにも思われる。だが、日本とタイの学校のカリキュラムはまったく異なっており、むしろタイで学習したほうがメリットが大きい部分があるのだ。

【タイで学ぶメリット】

- 1回で1つの作品を必ず完成させることができる。
- 必要なら時間を延長して学習ができる。
- 現役で活躍している一流講師が教えてくれる。
- 受講料が安い。
- 講師が出し惜しみせずに自分の技術を伝授してくれる。
- タイ人は効率性を重視するため、短期間で高い学習効果が出るよう指導してくれる。

などが挙げられる。

また、手芸関係は日本のまどかグループと提携しているので、修了者にはこのグループからの免状をもらうことができる。また講座によっては、ボイス・ホビー・クラブから修了証が発行される。修了するまでの期間は、講習内容によってさまざまだが、約1年〜1年半くらいが目安となっている。

スイカやパパイヤ、ニンジンなど果物や野菜を使って作る、フルーツカービング。

ボイス・ホビークラブの講座

フルーツカービング
野菜や果物、石鹸に美しく彫刻する、その昔はタイ王室内のみに受け継がれたというタイの伝統工芸。同校の卒業生の中には日本で講師をしたり本を出版したり活躍している人も多い。
・毎週1回/1回2時間半/全10回
・講習料4,400バーツ

タイ料理
タイ料理店関係の人もよく参加する講座。日本語レシピつき。
・毎週1回/1回2時間/全8回
・講習料4,300バーツから

バティック(ロウケツ染め)
・週1回/1回3時間/全5回
・講習料2200バーツ(材料費込み)

山の幸染め
押し花や押し葉を生かし、ペーパータイプの染料をアイロンの熱で気化させる環境に優しい新世代の染料を使用。インストラクター資格習得可。
・全5回
・講習料2,200バーツ

アメリカンフラワー &パンフラワー
・週1回/1回3時間/全6回
・講習料2,300バーツ
12回の場合4,200バーツ

＊入会金400バーツ。1回のみの受講の場合は、入会金は不要。
＊1回のみの受講が可能なコースもある。講習料などは変更されることがあるので、詳細については直接問い合わせてください。

●Voice(Thailand)Co.,Ltd.
8 Room No.5-6,
Sukhumvit Soi49-4,
North Klongton,
Wattana , Bangkok 10110
Tel. 712-8045
390-1187
Fax. 712-8050

●まどかフラワーグループ
兵庫県伊丹市中央5-3-38
伊丹ショッピングセンター
Tel.0727-82-2460
Fax.0727-70-9805

❷ 日本語教師養成通信講座

ソーソートー（泰日経済技術振興協会）が間に立ち、通常は日本国内でのみ受講可能な通信教育「日本語教師養成通信講座（ＮＡＦＬ）」をタイで学習できるというもの。この通信講座は、日本で年に１度行われる日本語教育能力検定試験合格を目標にプログラミングされた本格的な内容で、以下の要領で受講する。

①ソーソートーで、受講料（９万8700円）をその時のレートに合わせてバーツで支払う。
②24冊に分かれたテキストを日本から郵送してもらい、細かいステップで学習する。
③１年間が標準だが、４～６か月また２年間かけて学習することも可能。
④学習期間中は、同じ受講生同士の相互学習会や情報交換会がソーソートーで定期的に開かれる。
⑤日本語教師向けの『月刊日本語』、月刊情報誌『ＣＡＴ』が１年間郵送されてくる。
⑥郵便でＮＡＦＬ質問ボックスが利用でき、簡単な質問ならソーソートーの担当講師に聞くことができる。
⑦全部のテキスト修了後、最終レポートを提出すると、修了証が発行される。

残念ながら、検定試験はタイで行われていないため、試験を受けるためには日本へ一時帰国する形となる。ただし、タイで受講するメリットは、たとえ受講中でも教える経験を持つ機会が日本より見つけやすい、修了後・もしくは受講中にも日本語教師として働くチャンスに多く恵まれる、ということ。たとえ資格を持っていなくても、技術さえあれば、タイで日本語教師になることは充分に可能だ。

また、タイには、タイ国日本語教育研究会など、日本語教師を目指す人が参加しやすい集まりもある。さらに、たとえ途中で帰国したとしても受講は日本で継続できるので、しっかり学習してある程度経験を積めば、日本帰国後も日本語教師としての道が開かれている。

日本語教育能力検定試験　（財団法人）日本国際教育支援協会主催で年に１度行われている検定試験。この試験は毎年6,000人程度の人が受験するが、合格率は約18％という難関だ。

【日本での問い合せ先】
(財団法人)日本国際教育支援協会
事業部日本語教育普及課 日本語教育能力検定試験係
TEL:03-5454-5215
24 時間テレフォンサービス: 03-5454-5579

❸ 外国語を学ぶ

タイに来ている日本人の中には、タイ語の他に英語その他の外国語を学んでいる人々がたくさんいる。その理由として、英語圏でなくとも外国なので英語を使う機会が公私ともに多いこと、近隣諸国などに出張したり旅行したりすることで興味が出て、英語、タイ語に次ぐ第３外国語の修得意欲がわく、ということが挙げられる。

また、何といっても日本と比べて授業料が安いのが魅力。語学学校もたくさんある。

語学学校の一例

●ベルリッツ・ランゲージセンター
The Berlitz Schools of Languages
英語、中国語、タイ語、スペイン語、フランス語、中国語などが学べる。プライベートから2〜3人の少人数グループ、短期集中コースなどがある。スクムビット校では日本人窓口も設置している。授業料はどの語学でも同じ。
【スクムビット校】
14th Fl. Times Square Bldg., 246 Sukhumvit Rd. (between Soi 12-14), Klongtoey, Bangkok 10110
Tel. 255-6070〜2
【シーロム校】
2th Fl. United Center Bldg., 323 Silom Rd. Bangrak, Bangkok 10500
Tel. 231-1222

●英語は、インフォメーションの「タイ語学校」ページで紹介しているソーソートー、ＡＵＡ、キングスウッド（仏語、独語も）、タイ伊東スクール、ＢＩＳなどでも教えている。

❹ ダイビング・ライセンス

南国の海に触れて、ダイビングを始めたい人、インストラクターとして働きたい人のために、タイには日本語で講習が受けられるショップが点在している。

まずはオープンウォーターと呼ばれる基礎的なランクの講習を受けて、Ｃカードを取得する。これは、Certification Cardの略で、各指導団体のカリキュラムに添って、ダイビングの基礎的な技術と知識を学んだという認定証。これで世界中の海に潜れるようになる。ただし、運転免許証のような国が定めた免許証ではなく、インストラクターの講師資格となるものではない。インストラクターを目指すなら、ダイブマスターコースでプロダイバーへの入門をし、さらにアシスタント・インストラクターコースで「教える」ことを学んでいくことをお勧

めする。あとは自分でダイビングの経験を重ねていくしかない。

【日本人のいるダイビング・ショップ】
●カタ・ダイビング・サービス
32 Karon Rd. Muang Phuket 83100
TEL.076-330-392 Fax.076-330-393
ホームページ:http://www.katadiving.net
E-Mail:info@katadiving.net
オープンウォーター:7,500〜10,500バーツ
アドバンス:9,500〜11,000バーツ
メディック・ファーストエイド:4,500バーツ
レスキューダイバー:12,000バーツ
ダイブマスター:22,000〜38,000バーツ
*料金は変更されることがあるのでホームページなどで確認してください。
●サムイ・ダイビング・サービス
カタ・ダイビング・サービスの姉妹店
Tel.077-230-053　Fax.077-413-116

タイには美しいビーチ＆リゾートがたくさんあり、マリンスポーツが楽しめる。

ガイド○タイで働く

改訂版

仕事探しの方法

「タイで仕事を探す」。海外では情報もなく、とても難しいことのように思えるものだが、日本人の多いタイにおいては、就職活動の方法は日本とほとんど変わることはない。

その方法は大きく分けて、**人から紹介してもらう、人材派遣会社に登録する、情報誌から探す**の３つ。就職活動の際はこれらの方法をうまく組み合わせて積極的に行動すれば、必ず何かしらの仕事が見つかるはずだ。納得できる仕事に出会うまで、諦めずに頑張ってみよう。

❶ 人からの紹介

タイ語学校へ通ったり、サークル活動などに参加するようになれば、多くのタイ在住日本人と知り合いになり、そこから貴重な情報が入ってくるようになる。よく、「外国に来たのだから、日本人との付き合いは極力避けたい」という人がいるが、同じ日本人同士だからこそ入ってくる情報もあり、いろいろな意味で日本人との付き合いは大切にすべきである。理想は、タイの日本人社会にも、タイ人社会の中にもうまく溶け込める柔軟性を身につけること。誰とでも分けへだてなく付き合っていける人は、それだけ多くのチャンスに恵まれることになる。特に仕事に関しては、人からの紹介というケースが多いので、日頃からコミュニケーションを大切にするよう心がけて行動しよう。

また、しかるべき人から紹介を受ければ、企業側としても、働く側としても、相手に対する信用度が最初から違ってくる。特に、タイにはいろいろなタイプの日本人がいるため、雇用者・労働者双方とも、相手の人柄をある程度事前に見抜かなければならない。そのため、信

用できる人からの紹介というのは、お金や手間がかからないこともあって、企業からもっとも歓迎されるのである。

❷ 人材派遣会社に登録する

日本人経営の人材派遣会社は多数あるので、就職活動の最初の段階でこまめに各社へ登録に回り、連絡待ちの体制を早めに整えよう。その時、留守番電話があると、外出の際にとても便利だ。

【登録の方法と必要書類】

登録の方法は、まずは派遣会社リストを参考に、日本人スタッフ宛に電話をしてアポイントを取る。その際に、持参すべきものを必ず確認するようにしよう。通常必要となるものは、写真つきの履歴書とパスポート、卒業証明書、タイ語検定試験の合格証など、重要な資格に関する証明書。登録だけなら、履歴書とパスポートのみでOKというところもある。

派遣会社のスタッフから、ため息まじりによく聞く話は、「ヒッピーまがいの日本人が、汚いTシャツとサンダル姿で登録に来る。最近は、そういう連中ばかりだ」というもの。髪を黒く染め直し、リクルートスーツに身を包んで、時間より早めに面接会場へ行った学生時代を思い出してみよう。きちんとした服装を身につけ、時間通りに会社を訪問し、面接官に丁寧な言葉遣いと態度で接するのは、基本中の基本。タイに住むと、タイの良い部分ではなく、たとえば約束の時間に遅れても何とも思わなくなるなど、悪い部分が身に付いてしまう日本人が非常に多い。「タイだから許されるだろう」という常識は持たないことが大切だ。

【面接のポイントとテスト】

面接官から必ず確認されることは、「どういう目的でタイに来たか。これからどの程度タイに住むつもりか。希望する職種は何か。仕事上で役立つ知識や資格はあるか」というもの。あらかじめ、きちんとした答えを用意してから面接にのぞむようにしよう。

テストは主に、英語の筆記と会話、タイ語の会話が中心。派遣会社によって、登録者の質を重んじて面接やテストに時間をかけるところと、短い時間でなるべく多くの登録者に来てもらいたいところがあるので、テスト内容やかかる時間なども会社によって差が出てくる。

面接後、派遣会社から何の連絡もなく、まったくのなしのつぶて、という場合も…。タイミングもあるし、小規模経営が主な業種は、金銭的な理由から派遣会社を利用しないことも多い。企業も、すべての派遣会社に登録するわけではないので、派遣会社は必ず数件登録に回るようにしよう。

❸ 新聞や雑誌から探す

日本のように求人情報誌はないが、**新聞やフリーペーパーには求人・求職欄があり**、そこを丁寧に探していくのも手だ。新聞は日系書店等で販売されており、フリーペーパーは日本人がよく利用する各施設(日系書店、日本レストラン、ホテル、レンタルビデオ店など)に設置されている。特にフリーペーパーは無料で手に入り、種類も多いので、ひととおりのチェックは欠かさないようにしよう。各誌ともメッセンジャーが数日かけて配り歩くか、もしくは日本人会会報と一緒に送付しているため、街で見かけるようになるまでに多少のタイムラグが生じる。だが、求人欄を見て連絡するのは早いに越したことはないので、なるべく発行直後に町中を探して手に入れるようにしよう。

人材派遣会社一覧

日本人スタッフがいて、日本人登録を受け付けている派遣会社一覧

●パソナ
Pasona(Thailand)Co.,Ltd.
8th Fl. Boonmitr Bldg., 138 Silom Rd. Bangkok 10500
Tel.236-3181 236-2804　Fax.236-1728
Email:pasona@pasona.co.th
日本大手パソナのタイ支社。

●ＪＤオリエント・リクルートメント
JD Orient Recruitment Co.,Ltd.
16th Fl. Sorachai Bldg. 23/48, Sukhumvit Soi 63, North Klongton, Wattana, Bangkok 10110
Tel.714-3163～5　Fax.714-3166

●ＴＶＮリクルートメント&コンサルタント
TVN Recruitment & Consultant Co., Ltd.
3rd Fl. Panjit Tower Bldg., 117/6A Soi Thonglor, Sukhumvit 55 Rd. North Klongton, Wattana, Bangkok 10110
Tel.712-8570～2　712-8796　Fax.381-2520
Email:nihongo@tvnrecruit.co.th　http://www.@tvnrecruit.co.th
キャリアスタッフのタイ国提携会社。

●ディー・スタッフ・リクルートメント
Dee Stuff Recruitment Co., Ltd.
889 Thai CC Tower, Room # 53, 5th Floor., South Sathorn Rd., Sathorn, Bangkok 10120
Tel.673-9830　Fax.673-9180
Email: info@deestaff.com

●パーソネルコンサルタントマンパワータイランド
Personnel Consultant Manpower (Thailand) Co., Ltd.
9Th Fl. Sermmit Tower , 159 Asok Sukhumvit Rd. Bangkok
Tel.260-8454（代表）　Fax.260-8360～1
Email:shigoto@personnelconsultant.co.th

＊タイ国内から電話をかける際はバンコクの市内局番02が前につきます。

こうした情報誌に、自分の求職記事を載せてもらうのも良い方法。自分の求める業種と自己ＰＲ、連絡先を書いて、各社宛にファックスや郵送で送れば、半月から１か月後には掲載される。個人で申し込む場合は、ほとんどが無料で掲載してくれる。また、日本人会の会員の人は、お願いすれば日本人会発行のチラシに求職の記事を出すこともできるようなので、電話して許可をもらうようにしよう。

また、地元企業が外国人（日本人）向けの求人を出すのは英字紙になるので、現地発行の英字紙『バンコクポスト』、『ネーション』の求人欄を見るのも手。英語の得意な人は特にお勧めだ。英字紙は、書店や近所の雑貨屋で簡単に手に入る。

☞ インフォメーションの「タイの日系書店」を参照。

◆求人
<日本人女性募集>
受付事務、要タイ語日常会話、フルタイム、履歴書をご送付下さい。
☎&Fax. 712-8050
ボイス・ホビー・クラブ　Noriko

<日本人女性募集>
フラワーショップ販売スタッフ。要タイ語・経験不問・労働許可証取得可。詳細面談。
☎01-813-2843（日本人担当）

<男女社員募集>
労働許可証取得可。勤務地・バンコク市内
☎683-0994　Fax. 294-9067　担当/斉藤

<書道講師募集>
詳しくは電話にて。
☎714-8973

◆求職
<タイ語講師>
日本語で基礎からタイ語を教えます。観光案内もご希望に合わせて行います。ガイドの資格あります。日本語で電話して下さい。
☎01-825-9790　Miss.ナヤダー

◆売ります
<携帯電話、パソコン>
携帯電話番号付き8,000バーツ、インターネットもできるノートパソコン25,000バーツ譲っていただける方、お待ちしております。
☎653-6801　よしだ

◆ただ今募集中!!
<ムエタイ>
ムエタイ&ボクシングされませんか？ もちろんタダです！ ディンデンにあるThai-Japanセンターにて火から土曜日の夕方6時～9時にトレーニングを行っています。目的、老若男女、国籍は問いません。試合はプロ・アマ問わず組むことができます。今のところ日本人は1人です。良い汗を流しに来て下さい。
☎746-9501 Room1144

◆貸します、売ります
<コンドミニアム>
スクムビットソイ55、トンロータワー4階、東北角部屋（涼しい）。50平米、2ベッドルームと居間キッチン。家具、TV、浴槽、直通電話。プール、フィットネス。治安良し。家賃1万B。
☎716-8220（日本語は夜間または土日）

◆お知らせ
<新春寄席のご案内『ANAたと初笑い』>
2000年1月26日(水)
午後7時開場　7時30分開演
>>>グランドパシフィックホテル(旧デルタパシフィックホテル)
恒例のANA主催、新春寄席です。笑う角には福来る。笑って笑って新年の景気づけをしてください。出演は三遊亭小遊三、新山真理(漫

求人情報が掲載されている雑誌・新聞

【フリーペーパー】

●マンゴスティン倶楽部(毎月7日発行)
Intersection Co., Ltd.
13/2 Sukhumvit Soi 23, North Klongtoey, Wattana, Bangkok 10110
Tel. 262-1011～3 Fax. 262-1014

●ボイスメール(毎月第2水曜日と第4水曜日)
Sierra(Thailand) Co., Ltd.
4A Fl. ITF Silom Place Bildg., 160/5 Silom Rd. Bangrak, Bangkok 10500 /Tel. 634-0429 Fax. 634-4638

●ウェブ(毎月1日、16日発行)
Communication Service & Support(Thailand) Co., Ltd.
679/9 Soi 7, Lard Prao Rd. Lard Yao, Chatuchak, Bangkok 10900
Tel. 938-5336～7 Fax. 938-5433

●ダコ(毎月5日、20日発行)
Data & Communique Express Co., Ltd.
37 Soi 15, Petchburi Rd. Payathai, Rajathewee, Bangkok 10400
Tel. 653-8878～9 Fax. 653-8635

●タイ自由ランド(毎月5日、20日発行)
Blue Leaf(Thailand) Co., Ltd.
149/23-24 Soi Anglo Plaza, Surawong Rd. Bangrak, Bangkok 10500
Tel. 235-9919 Fax. 235-2493

●ココ(毎月7日、23日)
Katsu Infomation Service Co., Ltd.
4th Fl. Diamonaire Bldg., 149/27-28 Suriwongse Rd. Bangkok 10500 /Tel. 238-2579～80 Fax. 238-2581

【日本語新聞】

●バンコク週報(毎週金曜日発行) 1部85バーツ
Bangkok Shuho Co., Ltd.
12th Fl. Thaniya Plaza Bldg., 52 Silom Rd. Suriwongse, Bangrak, Bangkok 10500
Tel. 231-2772 Fax. 231-2661～3

現地採用の労働条件

現地採用とは、自分の意志でタイに住み始めた外国人を、タイ人と同じ立場で雇用すること。日本の本社から派遣された駐在員とは、立場も労働条件も異なる。タイで仕事を探して就職した場合は、たとえ日本の企業や、日本大使館などの国の機関であっても、現地採用ということになる。

❶ 平均的給与の目安

■決して甘くはない、現地採用の労働条件

インタビューした人たちの給与額を見てみると、イラストレーターやデザイナーといった特別の技術を持つ人や自営業者を除いて、だいたい一般的な水準と言われる２万バーツから４、５万バーツの範囲であることが分かる。給与の差額は、年齢や能力・経験の程度、業種、就職する企業規模などから生じている。もし、あなたがタイに来たばかりで不案内、特別な技術も持たないとなると、やはり３万バーツ以下の給与となるのが普通だろう。逆に、タイで経験を積み、かなりの能力があったとしても、駐在員に近いレベルの給与をもらうことは難しい、ということになる。

これまでに聞いた、フルタイムで働いた場合の現地採用の最低給与額は月１万3000バーツ、最高給与額は月10万バーツだった。ちなみに、最低のほうは雑誌編集者、最高のほうはタイ語通訳をメインとした業務担当者と、コンピューターの修理・セッティング業務の熟練技術者。いずれも特別なケースで、これ以下もこれ以上もほとんど見あたらない。

❷ 日系企業とタイ企業

日本に本社がある、ある程度の規模以上の日系企業、もしくはタイのしっかりした企業であれば、一定水準以上の給与、賞与、有給休暇、住宅手当、ビザおよび労働許可証の発行、健康保険、企業によっては年に1〜2度の健康診断などが期待できる。特に日系企業は、基本的に駐在員をタイに置くよりも、かなりの低予算で現地採用の日本人を雇えるので、たとえ駐在員との給与格差はあるにしても、日本で就職する場合に近い労働条件が現地採用にも与えられやすくなる。逆に、タイの企業になると、たとえ外国人を採用する場合であっても、タイ人の給与水準を基準と考えてしまうため、かなり厳しい労働条件を言ってくるところもあるようだ。

個人経営規模の企業では、不況という大波にゆれる小舟のごとく、経営にはつねに不安定要素があり、大企業と比べて現地採用の給与水準やその他の労働条件が下がってしまうのが一般的だ。業種による差というものもあるが、企業の器の大きさが何よりも労働条件に響くのだ。したがって、個人経営規模の企業に就職する際に見極めたいのが、現地採用に対する経営者の考え方。当然、経営側から見てみれば、低賃金で真面目に働いてくれる人を雇うのが理想だから、悪い言い方をしてしまえば、現地採用は足下を見られることもある。

やはり日本人は自己主張が苦手のようで、経営者の出す条件に甘んじてしまう傾向があり、そのあたりの経営者との駆け引きは、自分自身で経験を積みながらうまくやっていくしかないだろう。

自分の能力と労働条件とをよく照らし合わせて、大きく出過ぎず、しかし必要な主張もきちんとしながら、納得できる労働条件になるよう、企業側と交渉してみよう。

人材派遣会社スタッフに聞く日本人就業状況

インタビューでご登場いただいた、人材派遣スタッフの萩原さんに、昨今の日本人就業状況について伺いました。

Q.　最近の日本人の平均給与はどの程度ですか?

A.　日本人が現地採用としてタイで就職した場合、20代～30代の平均月給は3万～4万バーツ（約10万～13万5000円)。日本の常識で考えると驚いてしまうような額ですが、これは正社員としてフルタイムで働いた場合の報酬の平均値です。

タイは物価の安い国です。当然、物価と比例してタイ人の給料も安く、大学新卒者の基本給が8,500～1万バーツ、高卒の労働者クラスで5,000～6,000バーツ程度です。もしタイ人が3万、4万バーツという報酬をもらうとしたら、彼らはかなり優秀な人材。タイの一流大学を出て、アメリカでMBAを取得した、というレベルになります。

ですから、3万バーツという給料は、決して安いものではありません。むしろ、5万バーツ以上もらっている日本人のほうが少ないですね。登録にいらっしゃる方たちも、希望給与額を3万5000バーツ以上と書く方が一番多いですよ。

Q.　給料以外の労働条件は、どのようになっていますか？

A.　労働許可証を取得すれば、タイ人適用の保険に外国人も適用されるようになり、病気やケガの際に指定された病院で治療を受けることができます。また、管理職以上なら、海外旅行保険をつけたりする企業もあります。

交通費は、勤務地がバンコク都内なら、まず出ることはないでしょう。郊外の工場の場合ですと、会社が用意した送迎バスで、他のスタッフたちと一緒に通勤する形となります。ボーナスは年に1度、最低月給の1か月分は支給されるのが普通で、あとは企業やその人の売り上げ次第。健康診断などは、現地採用レベルですと、実施する企業はほとんどありません。

Q.　実際に、タイで働く場合に必要とされる能力とは何でしょうか？

A.　オフィスで必要となる基本的な言葉は英語ですが、タイ語と英語両方できて当然、という考え方も企業にはあります。ただし、タイ語がまったくできなくても、英語がネイティブであれば、かなりの高給が保証されるでしょう。あとはその人の勤務経験や特殊技能などがあれば、就職に有利になります。

また、日本人が就職するのは、ほとんどが日系企業でしょうから、やはり協調性や誠実さが期待されます。日本人の長所は勤勉さですから、タイの環境を受け入れながらも、その良さを失わないよう努めるべきです。

Q.　人材派遣会社に登録する際の手続き方法について教えてください。
A.　まず電話をして、インタビューの予約を入れていただきます。当日はあらかじめ英語と日本語で書かれた写真付きの履歴書をご用意いただき、さらに登録用紙に必要事項を記入し、その後面接となります。私共の会社は英語とタイ語の会話テストのみですが、ところによっては筆記テストを実施しているところもあります。登録が済むと、あとは連絡が入るのを自宅でお待ちいただきます。

人は第一印象で相手のイメージをほぼ確定してしまいますから、登録の際にはきちんとした服装をして、丁寧に書いた履歴書を持ち、約束通りの時間に訪問すべきです。登録に来ただけだから適当でいいとか、暑いからサンダルばきで構わないとか、そんな風に考えてはいけないですね。私たちはまず服装、言葉遣いと態度、履歴書の書き方で登録者のおおよその人物を評価します。当然、企業側にも派遣会社の評価は報告しますから、会社の面接のつもりでいらして下さい。服装は、男性ならば背広にネクタイをしめ、女性なら紺のスーツなど、そのまま会社へ行ってもおかしくない格好が望ましいです。

Q.　どういった業種に人材募集が多いですか？
A.　やはり、バンコク郊外の工場からの依頼が多いですね。女性であれば工場の事務、若い男性ならば営業、中高年の男性なら生産管理の仕事が最多業種です。

Q.　日本は年齢制限が厳しいですが、タイはどうですか？
A.　タイは、日本よりはずっと年齢制限がゆるやかです。20代、30代の人ならば、職種にさえこだわらなければ、仕事に困ることは少ないでしょう。また、40代以上の方も管理職の仕事があります。仕事を探しに来られる日本人の中には、50代、60代の方も結構いらっしゃいますし、そうした方にも仕事のチャンスはあります。

それでも、30代後半以上の方は、派遣会社に登録する際に、面接官から厳しいことを言われる場合もあるようです。また、タイに来たばかりで、タイの中の常識をまだ知らない人も、敬遠される傾向にあります。

❸ 面接の際にこれだけは確認を

■面接の際に確認しておくべき労働条件

- 給与および賞与額、住宅手当、残業手当など給与にプラスされる手当があるかどうか。
- ビザ、労働許可証取得について（健康保険は労働許可証があれば付いてくる）。
- 業務内容（面接の時に話し合った以外の業務を、手当なしでプラスされる場合もあるので注意する）。
- 有給休暇（基本的に週に何日休みか、また自由に休みを指定できる有給休暇が取れるか。年末年始、タイ正月休みなどの長期休暇はどのくらい取れるか、公休日は休みになるのかなど）。
- 罰則（遅刻３回で１日休みと見なされ、給料から引かれる、など）。
- その他の条件（会社によっては健康診断や、１年に１度の一時帰国の飛行機代を出してくれるところもある）。

今やタイでもパソコンを使えることが必須条件の会社も多い。

タイで働く心構え

タイで就職すれば、たとえその会社が日系企業であろうと、地元タイの人々と必ず職場を共にすることになる。国が違えば、そこに住む人々の物の考え方や社会構造も異なる。彼らを取り巻く環境、そこから生まれる価値観には、どのような特徴があるのだろうか。日本人と大きく異なる面はあるのだろうか。国民性・お国柄という枠付けには限界があるものの、ここでは一般的な傾向について述べ、読者の方々の参考としたい。

❶ タイ人の気質について

一般に「長所」と言われている部分

・おおらか、温厚で、激情にかられることを恥とする。
・内向的で強く自分を出さず、寛容で融通がきく。
・自国に強い誇りを持ち、信仰心に厚い。
・年長者を敬い、人づきあいも良く、誰にでも親切で優しい。
・基本的に怠け心を嫌っており、勤勉である。

一般に「短所」と指摘されている部分

・ものごとをさらりと流してしまい、頑張りがきかない。
・仕事ぶりがスローテンポで、決められた範囲のこと、指示されたことしかしない。
・現金主義で、何事につけ金銭に心動かされる傾向にある。
・多角的見地からではなく、自分の立場から物事を判断しがち。
・短気、見栄っ張り、嫉妬深い、言い訳をする、失敗を認めない、感

情が表に出やすいなど、いわゆる「子供っぽい」面が強い。

長所とも短所とも言えない部分

- 階級社会のため、その人の属する階級によって意識や常識が異なる。
- よくも悪くもプライドが高い。
- 個人主義が徹底しており、他人に深く立ち入ろうとはしない。
- 「サヌック(楽しい)」、「サバーイ(心地よい)」を最上のものとする価値観。

❷ 経済発展とタイ人

タイの人々の良さというのは、ひとことで言えば「優しく、寛容」な点にある。それは、タイの亜熱帯気候ゆえの恵まれた環境から派生したものと言われている。

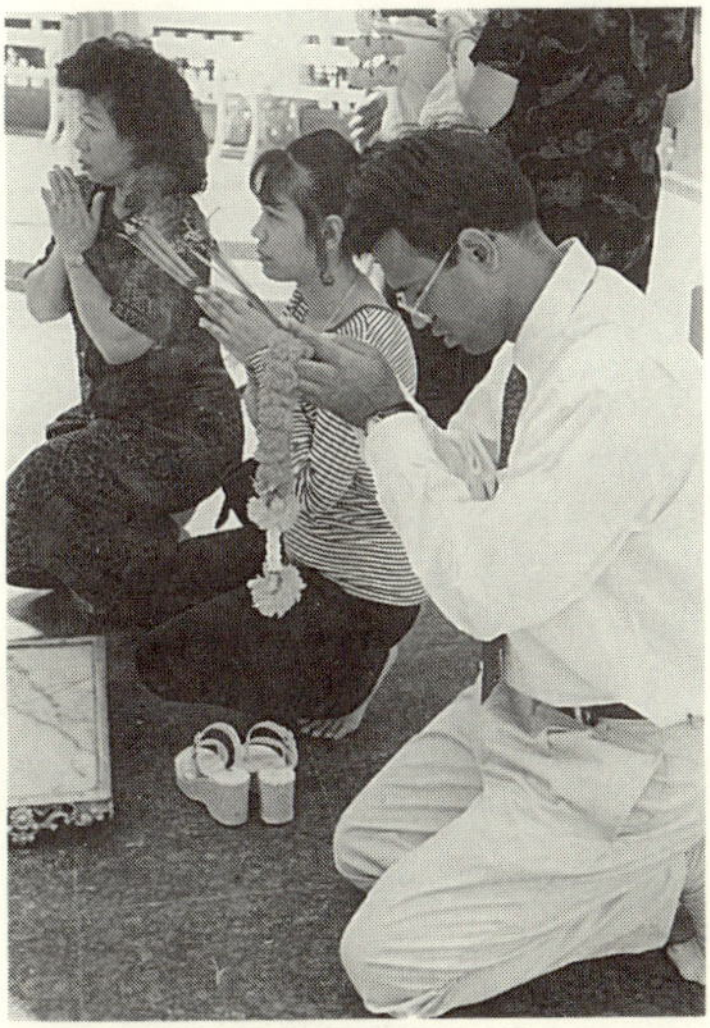
タイ人の多くは敬虔な仏教徒なのだ。

タイは日本と同様に稲作文化であるが、その決定的な差は、豊かな実りが常に約束されており、貧すれど食うものに困らない生活が、昔からあったということだ。それが人々の心のゆとりと、来る者を拒まない懐の深さを与えた。

しかし、現代ビジネス社会においては、こうした気質は短所と指摘されがちである。充足するがゆえのゆとり、楽しみを求める豊かな心、大地の恵みに合わせた仕事ぶりは、効率を重視

する外国企業からは、マイナスポイントに挙げられてしまう。それでも、効率性という一面のみで彼らを評価してしまうのは、早計に過ぎるだろう。

タイは、外国資本の参入という大波に乗って、工業化を超スピードで実現した。ただし、それは首都バンコクと地方都市の一部のみであり、国民の80%は第一次産業に従事している点を忘れてはならない。これが貧富の差、階級の差となり、タイ人の意識も階級差によって大きく異なるようになっていった。

その中で注目すべき点がある。国民の大半の仕事に変化がなく、したがって所得も低いままであるにもかかわらず、車、エアコン、テレビ、現代家屋など、現金でしか買えない「サヌック・サバーイ」な商品たちが、どんどん彼らの生活の中へ流入してきたことである。便利で楽しいものは欲しい。素直である分、彼らは物質に対する欲望にも忠実であった。

こうして現金主義、拝金主義が、多くの人々の心に根付いていくことになった。この辺りは、日本の若者を眺めてみても共通点を感じるが、タイは国全体の人々を呑み込むほどの勢いでこの価値観が肥大化し、深く根を張り続けている。

超スピードの工業化、現代化に、バンコクという街も、人々の心も追いついてきていないのが現状なのかも知れない。

❸ タイ社会の日本人

■階級社会の中で戸惑う日本人

各企業には、メーバーン（掃除婦）から役職者まで、多くのタイ人たちが働いている。平等意識の強い日本人がまず戸惑うのは、彼らがはっきりと自覚している階級である。

階級差は当然、貧富の差から来ており、ここには歴然とした開きが

ある。ホワイトカラー層は、地元大学を卒業後に留学するケースが多く、さらに修士、博士課程へと進む者も珍しくない。逆にメーバーンクラスになると、いまだ文盲の人もいるほどで、彼らの学歴は義務教育の小学校卒か、よくて中学を卒業したという程度である。これほどの差があるから、タイ人がある人物を評価する場合、学歴や資産の有無、与えられた役職や給料、身につけている服装の善し悪しなど表面的なことが基準となり、相手次第で態度を使い分けるようになる。

階級によってそれぞれ常識が異なるため、彼らは自分の立場から物事を判断することがほぼ習慣化している。また、それぞれ割り振られる役割に境界線を引くため、気を回して他の人の仕事を手伝って効率化を図る、などという面に欠ける。「調和と協調性」の精神を持つ日本人にとって、時にタイ人の行動が見苦しく感じられるのは、こうした理由によるものだ。しかし、タイ社会で働けば、自分自身もこの階級社会の中へ、否応なく投げ込まれてゆくことになるのだ。

ここで、中途半端な立場なのが、現地採用の日本人である。同じ日本人でも、駐在員と現地採用者とでは地位も待遇面も大きく異なり、それはタイ人側でもよく理解しているところである。そこで彼らが、自分たちと同じローカル・スタッフの日本人を、どのような階級として捉えるか、という問題がある。中でもホワイトカラーのタイ人は、現地採用の日本人の学歴、給料、仕事の能力などから、自分よりも階級が上か下かを判断する。もし、仮にあなたが彼らよりも下の立場だと判断され、それでも給料が彼らより上だった場合、かなりの反発を食らう可能性があるのだ。

確かに、先進国からやってきた日本人は、日本人だというだけでワンランク上に見なされやすい。しかし、日本人だからそれくらいの給料をもらって当然､という考えは基本的に日本人だけのものであって、タイ人は自分たちの給料が日本人より安くて当然とは、決して考えていないのだ。

こうした同僚への反発は、同じタイ人同士の間でも起こりやすい。それが下の階級の者にまで影響して、やがて派閥が生じる。もし、そ

のグループのリーダーが何らかの理由で辞職すれば、その一派も揃って会社を辞める、などというケースは珍しくない。

■チャンスと自由のある現地採用

タイの階級はインドのカーストのような厳然としたものではなく、本人次第で昇級のチャンスのある、比較的ゆるやかなものである。働く上で男女差も年齢制限もほとんどなく、女性や中高年層の社会進出率が非常に高い国なのだ。

ところが、実際には日本よりも厳しい学歴社会であるため、下の者がはい上がって成功する可能性は低く、それが仕事の意欲のなさとして表れてくる場合が多い。逆に、高学歴者は富裕層であるから、生活するためにあえて働く必要のないこともあり、仕事上で必要な忍耐力に欠ける傾向にある。うまくツボにはまれば、実に優秀な人材も、気に入らないことがあれば、あっさりと会社を辞めてしまうというケースは、後を絶たないのである。

こうした環境の中、周囲とうまく調和を保ちながら我々現地採用スタッフが働いていくためには、さまざまな能力が必要になってくる。微妙な立場にいるために、現地採用スタッフは駐在員よりも高い能力が要求されるのである。

しかし、何といっても一番大切なのは、タイの人々を理解しようと努める心である。この国の中で自分は異邦人なのだという自覚と、お国柄の違いを楽しむゆとりがあれば、タイでの仕事は半ば成功したも同然だ。

もともと現地採用の日本人は、好きでタイへやって来て、自分の意志でタイで就職するのである。さらに、頑張れば昇進・昇級、独立の可能性も多分に残されている。

私たちの職場環境は決して甘くはないが、我々が持つ自由というものは、厳しくヒリヒリと痛い面を必ず含んでいるものなのである。

就労ビザと労働許可証

外国人がタイで働くためには、就労ビザと労働許可証の両方が必要となる。どちらか一方が欠けていれば、タイで仕事をする許可は得られないことになっている。

就労ビザとは、タイで働くことを目的とした外国人が、タイに入国・滞在するために必要なもので、労働許可証とは、文字通り外国人がタイで働くための許可証である。

ビザは、書類さえ揃っていれば比較的簡単に取得できるものの、労働許可証の場合は、取得までの期間はまちまちで、中には条件が揃わないということで、なかなか発行に至らないケースもある。その場合、とりあえず就労ビザのみを取得することになるが、ビザというのはあくまでも入国・滞在のために必要なものであって、就労ビザを取得していても労働許可証がなければ働くことはできない。パスポートを見れば、労働許可証の有無はすぐに分かるので、２回、３回と許可証なしで就労ビザ申請を続けると、「次回から労働許可証を持参しなければ、ビザの発行はできない」と書かれたスタンプを押されてしまう。そのような事態にならないよう、ビザ、労働許可証のことは、就職する会社側と相談してきちんと対処してもらうようにしよう。

❶ 就労ビザ

就労ビザとは、ノン・イミグラント・ビザ（非移民用ビザ）のカテゴリーのひとつ「Ｂ」(Businessの略) のことで、働く外国人のための通称Ｂ（ビー）ビザと呼ばれているものだ。

ビザはタイに入国・滞在するために必要なものだから、日本やタイ

の近隣諸国など、タイ国外のタイ大使館・領事館で申請し取得する。タイ入国の際、Ｂビザなら空港で最長90日間の滞在許可が得られ、その後はケースによって差はあるものの、労働許可証を持っていれば、原則として入国から最長１年間の滞在許可の延長が可能となる。

【必要書類】

必要書類は、各国のタイ大使館・領事館によって異なることがある。また、許可が下りやすい国とそうでない国があり、しかも状況によってそれが変わることもあるので、代行業者に依頼するのが最も確実で手間もかからない。また、書類はたとえ無駄になっても不足するよりはましなので、「これも必要なのでは」と思われるものは、念のため用意していったほうがいい。タイのビザ取得で最もポピュラーなのがマレーシアのペナン島。ここは代行業者の数も多く、タイからのビザ取りツアーもあるので、必要書類と申請料を代行業者に預け、待機していればビザが取得できる。

国別必要書類の一例

●日本で取得する場合
①就職先からの招聘状(Invitaion Letter)
②英文履歴書　１通
③日本在住の保証人(両親など)からの英文レターとパスポートコピー
④写真　２枚（４×4.5cm）
⑤大使館備え付けの申請用紙　１枚
⑥パスポート（残存期間６か月以上）
⑦航空券（予約確認書でも可）
⑧あれば労働許可証のコピー
●ペナン島(マレーシア)で取得する場合
①就職先からの招聘状(Invitaion Letter)
②写真　３枚（５×５cm、カラー）
③領事館備え付けの申請用紙　２枚
④パスポート（残存期間６か月以上）
⑤あれば労働許可証のコピー

場合によっては、就職先の会社登記関係書類のコピーの提示を求められることもある。

❷ 労働許可証

労働許可証は、タイに会社があるからといって簡単に取得できるものではなく、タイ国民の労働環境保護のためにも、外国人が働く場合は以下の事項についてチェックを受けることになる。

労働許可証の取得に関しては、会社側で申請手続きを行ってくれる。本人は、会社から出る指示に従って健康診断を受け、卒業証明書など自身で取得すべき必要書類を揃えて、イミグレーションに出頭する。取得までには複雑な手続きが必要になるため、たいていはビザ・労働許可証関係の現地代理人が、手続きを代行してくれ、本人がイミグレーションへ行かねばならない場合も同行してくれる。

要するに**労働許可証は個人が取得するものではなく、会社に対して外国人の雇用を認めるというものなので**、以下の資料は参考程度にとどめておこう。

■労働許可証取得に必要な条件

・会社の事業内容

会社の事業が外国企業規制法により外国企業の参入が規制されている場合は、取得が難しくなる。

・会社の規模

原則として、1人の外国人が許可証を取るために必要な資本金は200万バーツ。2人になれば400万、3人だと600万バーツ…となる。

・会社の外貨獲得能力・会社の技術移転能力

この2点は、タイ国が外国企業に求めている最たるもの。

・会社の雇用促進能力

外国人労働管理局では、外国人1人につきタイ人従業員を一定人数（5～7名）雇用することを要求している。

・本人の役職、職務内容とその職務に的確な学歴および職歴

外国人が就く役職、学歴、職歴が低い場合は、許可取得が困難となる。

【取得申請に必要な書類および情報】
・パスポート
・写真（パスポートサイズ３枚）
・雇用・職歴証明（現職または直前に勤務していた会社から発行されたもの）
・英文の卒業証明書
・タイの医師による健康診断書
・会社登記証書一式
・納税者登記証書
・工場設置許可書（製造業のみ）
・会社案内など、会社の業務内容に関する説明書
・会社組織図および従業員数
・最近の監査済み財務諸表(新会社の場合は不要)
・申請者の役職・職務内容に関する証明書
・会社所在地を示す地図
・申請者の予定給料
・申請者の日本およびタイでの住所
・会社で他の外国人が既に労働許可を持っている場合、そのリストおよび労働許可証のコピー
・法人税および個人所得税の申告書
・その他外国人労働管理局が必要と認めて要求する書類または情報
ただし、ＢＯＩ（投資奨励委員会）やＩＥＡＴ（工業団地公団）から投資奨励を受けている会社は、提出書類・情報はもっと簡単なもので済み、手続きも容易となる。

［公認会計士　川島 伸］

雇用に関する法律

タイで働けば、その国の法律によって規定された納税義務や、労働者として主張できるさまざまな権利が発生してくる。ところが、実際にタイで働いていても、これらの規定を把握している日本人の数は意外と少ないものだ。自分の身を守り、快適に働いていくためには、何もかも会社まかせにせずに、自分自身できちんと知識を仕入れておく必要があるのは当然のことだろう。

また、日本で苦労して取得した各種資格は、タイにおいても法的に有効かどうかも気になるところだ。

ここは専門的な話になるので、バンコクのＩＡＴ会計事務所所長・小林俊一氏にご登場いただき、その詳細について記していただいた。働く前に、しっかりと勉強しておこう。

❶ 給料と税金について

【1】所得の定義

税法第40条(1)で定める労働雇用によって生じる所得とは、給与、賃金、日当、賞与、退職金、住宅手当などを指す。

【2】給与所得者にかかる源泉所得税第50条

給与所得者の納税は、雇用主(支払いをなす者)の徴収義務で成立する。

【3】税金の計算方法

１年間の給与所得を求め、これに対する税金を計算する。税金の総額÷支払い回数＝（通常1/12）が、月次に徴収する税金となる。

▶計算例：独身者で給与月額３万バーツ、住宅手当２万バーツ、年間60万バーツの所得がある場合。

- 基礎控除：40%または最高6万バーツ(60万バーツ×40%＞6万バーツとなるので、この場合6万バーツ)
- 本人控除：3万バーツ
- 年間課税所得：60万バーツ－9万バーツ（控除合計）＝51万バーツ
- 所得税率：

	税率	所得額	税金
0～50,000バーツ	0%	50,000バーツ	税額なし
50,001～100,000バーツ	5%	×50,000バーツ	2,500バーツ
100,001～500,000バーツ	10%	×400,000バーツ	40,000バーツ
500,001～1,000,000バーツ	20%	×10,000バーツ	2,000バーツ
	合計	510,000バーツ	44,500バーツ

- 年間所得税：2,500＋40,000＋2,000＝44,500バーツ
- 月次徴収税額：44,500÷12＝3,708バーツ

【4】年末調整と確定申告

1年に1回の確定申告制度があり、毎年3月末日がその期限。方法は、年間所得が申告済所得より多い場合は、確定申告で追加して税金を支払う。逆の場合は、還付税金の申告をする。

【5】納税の範囲

タイ国を源泉とした所得がある者は、タイ国内所得に加え外国での所得についても納税の対象となる。駐在員か現地採用者かは問わない。

❷ 社会保障制度

タイ国の社会保障制度は1990年に制定されたが、以降その運用は段階的に実施されている。

【1】被保険者と使用者

- 原則として、15歳以上60歳未満が被保険者となり得る。
- 被雇用者(被保険者)を使用する者(使用者)は、被保険者が記載する

「届出書」を社会保障事務局へ提出する。

- 届出書を提出した後、事務局は「社会保障登録証」を使用者へ、「社会保障カード」を被保険者へそれぞれ発行する。

【2】保険料

賃金の支払いをする度に、使用者は被保険者の賃金から一定料率の保険料を控除する。使用者は、先の控除額と使用者が拠出すべき保険料を翌日の15日までに「保険料納入書」とともに事務局へ提出する。

【3】補償の給付

被保険者は、基金より以下の補償を受ける権利を有する。

- 事故または疫病
- 出産
- 障害者となった場合
- 死亡
- 子女扶養
- 老齢
- 失業

失業の際の給付を受ける条件は、以下の通り。

①失業までに少なくとも6か月以上の保険料を納入している。

②失業した理由が、職務に対する不正、刑法違反、使用者への故意の損害、終業規則の違反、などにより解雇されたものでないこと。

③被雇用者は、解雇された8日目から省令の定めにより給付を受ける権利がある。ただし、給付は日本のように失業保険（金）を受給できるものではない。

現地採用の日本人か外国人かの違いにかかわらず、資格者は労働許可の取得者であることが条件となる。失業給付は、社会保険料を納付していた者がその対象になるのは言うまでもない。

失業給付の内容は、被保険者が15年以上保険料を納付した後に退職した場合のみ、補償の給付を受ける権利がある。最終日に受けた給料の15％を60か月受給できる。

❸ 日本で取得した資格

日本で取得した医師や看護婦などの資格は、タイでは原則として有効とはならない。たとえば、日本では公認会計士の資格保持者でも、タイはタイ国籍を持つ者のみに公認会計士の資格を認めているので、外国人は公認会計士としてのサイン権はない。このように、外国人企業規制法で制限される職種の場合は、労働許可の取得が極めて困難となる。

以上から、**職務の内容が会計、法務、医療など外国人の就業が禁止されているもので、タイ人によってなされるべきものである場合は、日本の資格を行使できないのが現状**と言える。

以上の小林氏の話からも分かる通り、日本で取得した資格がそのままタイで通用する、ということはないものの、自分が身につけた技術を生かした仕事に就くことは充分に可能だ。たとえば、日本語教師、教員、英語通訳の資格などがあれば、タイで日本語教師や英語通訳者として採用されやすくなるだろう。また、看護婦の資格を持っていれば、病院で通訳者として採用された場合に、非常に役に立ってくれるはずだ。

つまり、日本で取得した資格があっても、その資格がタイで就業する際の条件になることはないが、就職に有利になる、その技術ゆえに働きやすい、ということはあるということである。

【雇用に関する法律の資料提供】
ＩＡＴ会計事務所　小林 俊一
14th Fl. Q House Asoke Bldg., 66 Soi Asoke, Sukhumvit 21 Rd.
Wattana, Bangkok 10110
Tel. 264-2124～5

会社の設立方法

数年で帰国するつもりの人はともかく、タイ人と結婚した人や、一生タイで頑張っていこうと心に決めた人にとって、会社の設立と経営は大きな目標。タイなら運転資金も安く済むし、円高・バーツ安のために持っている円を有効活用することもできる。

もちろん大きな賭けであることには変わりはないが、自分の実力を充分に発揮し、仕事の広がりと収入増の大きなチャンスとなる。

以下に会社の設立方法を記すので、ぜひ将来の参考にしてほしい。

■会社設立前に

まず、会社を設立する際に必要なのは、以下のような調査・検討。これを怠れば、仕事の成功はまず見込めないので、時間をかけてじっくりと調査、熟考すべきだ。

【1】フィージビリティー・スタディの実施

まずは、タイで実際に事業を行えるかどうかの根本的検討（フィージビリティー・スタディ)を行う。

【2】外国企業規制法等の確認

外国人がタイで事業を行う際は、当然いろいろな規制が伴ってくるため、自分の起こしたい事業内容に規制があるかどうかの確認を取る。また、金融、保険、証券、運送、旅行業など特殊な事業には特別法があり、会社組織に関する規定が設けられている。

【3】投資奨励委員会（Board of Investment:ＢＯＩ）の投資奨励、工業団地公団(Industrial Estate Authority of Thailand:ＩＥＡＴ)の特典を得られるかどうかの確認

会社の規模、雇用促進、技術移転、外貨獲得能力などが、ＢＯＩの投資奨励に値すると判断された場合、さまざまな特典が付与される。特典内容は、外国企業の土地購入許可（通常は不許可)、免税、労働許

日本料理店、クリーニング屋、レンタカー、旅行代理店…。日本語のフリーペーパーの誌面には日本人経営の店や会社の広告が目につく。

可・ビザ取得の手続きの簡素化など。また、指定の工業団地内でＩＥＡＴが奨励するに値する新規事業を行う場合も、土地所有、労働許可・ビザ取得の手続きの簡素化等の特典が得られる。

【４】土地の購入と登記

土地の所有について外国人または外国企業の株所有率の規制などがあり、土地を購入するかに否かによって会社の株主構成に影響を及ぼすことになる。ただし、ＢＯＩ、ＩＥＡＴの奨励を得た会社は、土地の取得が可能だ。

■設立の具体的手続き

タイの会社形態にはいろいろあるが、外国人の投資形態としては、非公開株式会社が最適。以下の手順を踏んで設立手続きを行う。

【１】商号の予約をする

まず最初に会社の商号を決めて、商務省に商号の予約申請をする。類似した商号が他に見あたらず、予約許可が下りれば登記手続きに進むことができる。なお、この予約効力は30日間なので、その間に必要手続きを済ましておく必要がある。

【２】基本定款の登記をする

基本定款の登記は以下の通り。

・登記資本、株式数、１株当たりの額面金額
・会社設立目的
・発起人指名（最低７人）、住所、職業、年齢、国籍、持ち株数
・本社所在地

【３】株式会社の最終登記をする

最終登記の登記事項は以下の通り。この申請により会社登記証書が手に入り、会社設立に関する手続きが終了する。

・株主氏名、住所、職業、国籍、持ち株数
・取締役および代表取締役の氏名、住所、年齢、職業
・代表取締役の代表権の形態を、単独代表か共同代表かに決める。

・会社住所
・株主総会、取締役会などに関する会社規定の付属定款
・初回資本金払い込み金額
・発起人の設立準備行為の承認に関する設立総会議事録
・会計監査人(公認会計士)の氏名、登録番号、年間報酬
・社印

【4】設立までの日数と費用について

商号を予約してから、会社登記証書を入手するまでに約1か月半かかる。商務省への定款登記料金は、登記資本10万バーツにつき50バーツで、最低500バーツから最高2万5000バーツ。最終登記料金は、登記資本10万バーツにつき500バーツで、最低5,000バーツから最高25万バーツ。登記事務代行手数料（法律・会計事務所手数料）は、だいたい5万バーツから15万バーツぐらいとなっている。

【就労ビザ、労働許可証、会社設立に関する資料提供】
MOTHER BRAIN (THAILAND) CO.,LTD. マザー・ブレイン
公認会計士 川島 伸
4th Fl. No.4C. 12-13 Supakarn Bldg., 723 Charoen Nakorn Rd.
KlonTonsai, Klongsan, Bangkok 10600
Tel. 439-2671 (Direct Line) 439-2667〜9 Fax. 439-2670

タイ経済の過去・未来

アジア全体が不況に苦しんでいる。日本も厳しいが、タイの経済状況も今もって厳しい。タイで働き始めれば、多かれ少なかれ、何らかの形で必ず不況の影響をこうむることになる。これからタイで働こうとしている人は、今、タイがどのような経済状況下に置かれているのかをしっかりと把握しておく必要がある。この現状をつかんでおかなければ、本当にタイへ行って仕事をするべきかどうかを判断しきれないに違いない。

そこで、タイ経済に詳しい『週刊タイ経済』編集長の折笠文雄氏に、タイ経済の流れと経済危機、その中で活躍を続けてきた日系企業について解説していただいた。少々難易度が高い内容だが、実際にタイで働くようになれば、身にしみて実感することばかりだ。

■

タイは1997年に経済危機に見舞われたものの、発展途上国から新興工業国へと脱皮する過程にあることは間違いない。言いかえれば、農業国から工業国への転換期にあり、昨今のグローバリズムの波にもまれながら、経済だけでなく政治、社会面においても、さまざまな改革を迫られている。

タイの経済開発　タイの農業国からの脱皮は、サリット政権時の1960年代から始まる。

国家開発の軸として5か年計画が立案され、当初は工業製品の輸入代替型産業を誘致するという投資政策が採用された。戦後復興を遂げた日系企業がこれに応じ、繊維、家電、自動車を中心とした第1次日系企業進出ブームがこの時に起こる。

次の転換期は1980年代で、タイ湾で発見された天然ガスの商業利用を中心とした、重化学工業の振興に力を入れた。80年代後半になるとプラザ合意を経て猛烈な円高となり、日系企業の海外進出に拍車がかかる。第２次日系企業進出ブームの到来である。

ここで、折からの東アジアでの分業体制が、アジアの新興工業国家（ＮＩＥＳ）として脚光を浴びることになる。日本を先頭として、台湾、韓国、シンガポールを２番手、タイ、マレーシアなどを３番手として編成飛行する、雁行型発展モデルが唱えられた。

タイの経済危機　90年代前半、タイは外資の進出加速とそれに伴う輸出増で高度経済成長時代を迎え、経済は加熱した。バブル経済の到来である。タイはアジアの第５の虎と言われ、バラ色の将来が描かれた。タイ国民の多くも所得の向上により、消費に走った。その一方でタイ経済は、技術、資本を外国に頼っており、輸出が増えれば増えるほど、資本財、生産財の輸入が増え、貿易赤字が膨らむという構造的欠陥を抱えていた（1997年7月のタイの通貨危機に始まる経済危機は、こうした構造的欠陥を抱えたまま、金融自由化に走ったタイ政府当局の対応のまずさが原因である）。

貿易赤字を外国資本の導入によりまかなったものの、大半の外国資本は逃げ足の速い短期資本であった。日系銀行もバブル後の融資先を求めて、タイでの貸し付けを飛躍的に増大させた。

しかし、1996年になると輸出

すさまじい交通渋滞で有名なバンコクだが、景気の冷え込みで、交通量が減った時期もあった。

成長に急ブレーキがかかる。人件費の高騰などにより生産性が下がり、輸出競争力が相対的に低下していたのである。

タイは外資依存のために金利高を維持すると共に、通貨をドルと連動させていたが、そのためにバーツ貨の価値が実態以上に高くなるジレンマに陥っていた。国際競争力の低下と実態以上の通貨高の間隙を突いたのがヘッジファンドで、バーツは売り浴びせられ、それにタイ中央銀行が対抗、保有していたドルをあっという間に使いきり、事実上国家が破産状態になったのがタイ通貨危機の様相である。

ＩＭＦ時代　タイ当局はこの事態にそれまでのドルペッグ制を放棄して、変動相場制の採用を決断する。バーツ安の容認である。バーツは暴落し、タイに流入していた短期資本は流出、過度の外資依存体質にあったほとんどのタイ企業は債務の膨脹により経営危機に陥った。通貨危機から経済危機への発展である。97年後半になると東アジア諸国に危機は波及、アジア経済危機に至った経緯はご存じの通りだ。

タイ政府は紆余曲折を経てＩＭＦ（国際通貨基金）からの融資を受け入れることを決定。経済政策はＩＭＦの指導下に、猛烈な金融、財政引き締めによるバーツ下落阻止、外貨流出阻止を目標とした。しかし、引き締めによって国内消費は低迷。生産活動も不振を極める事態に至った。1998年の経済成長率はマイナス10％という、タイの近代史上最悪の不況が到来したのである。

97年11月に政権についたチュアン民主党政府は、98年に入ると引き締め政策から徐々に緩和政策に転じていった。98年には赤字予算を編成し、財政出動による景気回復を目指す一方、日本の新宮沢構想による借入などで補正予算を組み、雇用創出、消費刺激策をとった。また金融システムの崩壊という事態に、金融会社、銀行の閉鎖、国有化といった措置がとられ、生き残った銀行、金融会社には増資を強制することで、金融システムの再生を図った。

こうした政府の経済政策、日本の景気回復の動向と歩調を合わせて、1999年はタイ経済にも復興の兆しがやっと見えた年であった。2000年

はさらに１歩進み、復調の足取りは確かなものになりつつある。その一方でタイ経済が抱える問題は多岐にわたっており、一朝一夕には解決が難しいのも事実である。

経済改革と日本　タイが危機に陥った原因を考えると、まず産業構造の脆弱さが挙げられる。輸出すればするほど輸入が増える構図は、突き詰めれば下請け産業の不備がもたらしたものと言える。国内で機械類、原料、部品が調達できないために輸入に頼らざるを得ないからである。

現在タイ政府は、日本政府の協力を得て中小企業育成のマスタープランを策定中だが、それは上述の構造的問題の解決を目指すものである。また国際競争力の育成を考えれば、明確な産業育成政策が必要となってくる。つまり、あれもこれもというのではなく、国としての条件を生かした産業を重点的に育成すべきだろう。その意味で農業生産大国としての地位を生かせる食品加工産業、自然・天候と抱擁力のある社会を生かした広い意味での観光サービス業、日系企業を中心に裾野が広がってきた自動車産業、一部電子産業などが有望である。

日本人駐在員御用達の店が並ぶタニヤ街。

現在、タイ経済復興の足を引っ張る最大の懸案は不良債権（ＮＰＬ）である。99年時点で金融システムのＮＰＬ比率は全貸し付け額の約半分に達している。このためタイ政府は事業更生のための法的枠組みを整備すると共に、裁判所を通さない形での民間債務再構成のための制度を作っている。しかしＮＰＬ

が劇的に減少することは無理であり、問題の解決にはまだまだ時間がかかりそうである。

過剰借入による過剰投資は日本でもそうであったように、右上がりの成長神話に支えられたものであった。不況になれば事業会社は過剰な設備を抱えることになり、二重苦となっている。日系企業は自動車メーカーのようにバーツ安を利用した輸出生産に傾斜することで、何とかこの問題をクリアしようと努力しているが、地場企業の多くが設備廃棄や事業売却に追い込まれている。設備稼働率は98年の約50%から99年には60%程度までに戻しているが、過剰設備の調整は21世紀に入っても続くと思われる。ひいては雇用調整も今後続く結果になる。

国際競争力の向上は、究極的には良好な経済システムと、それを支える人的資源が鍵である。タイの労働力の９割方が、小卒程度の学歴しかないと言われており、識字率は高くても、技術革新に対応していける人材が少ないのである。教育制度の改革を待たなければならないが、教育は「国家百年の計」、日本は技術移転を中心とした人材開発をタイ支援の大きな柱の１つとしているが、この問題はさらに時間がかかるだろう。

タイの日系企業　最後に、タイ経済と日系企業の関係だが、前述のようにタイの経済発展に占めてきた日系企業の役割は非常に大きい。タイの工業製品輸出額に占める日系企業のシェアは少なくとも３割程度に達していると言われる。

また、３次にわたる進出ブームを経て、その業種も大企業から中小企業へ、製造業からサービス業へと広まっている。バンコク日本人商工会議所の加盟企業数は99年７月時点で1,162社に上り、在外日本人商工会議所では世界最大規模となっている。実際には日系企業の数はその倍に達すると見られ、さらに個人事業所や飲食店などを含めればもっと増えることになる。

また事業所の所在地についても、かつてのバンコクとその近郊への集中から、アユタヤ県を中心とした中部地方、チョンブリー県、ラヨー

ン県を中心とする東部臨海地帯、ナコーンラーチャシーマー県のスラナリ工業団地を中心とする東北地方、ランプーン県の北部工業団地を中心とする北部地方へと分散が進んでいる。

将来的にはＡＳＥＡＮ自由貿易圏（ＡＦＴＡ）やＡＳＥＡＮ投資地域構想などで、東南アジア域内の分業体制が整備されていくことが予想される。日系企業もこうした地域の再編に同調する形で再編が進むだろうが、日本人にとって順応しやすい社会であり、ミャンマーを含めたインドシナ地域、中国雲南省といったこれから経済発展が本格化する広大な後背地を抱えたタイは、短期的にも長期的にも日系企業の拠点として重要な位置を占めていくのは確実と思われる。

【タイの経済事情に関する執筆】

『週刊タイ経済』 編集長　折笠 文雄
Thai Keizai Publishing Co.,Ltd.
18th Fl. A.P.Nakarintr Tower, 333 Moo 9, Srinakarin Rd., Bangna,
Bangkok 10260
Tel. 748-7731～3　Fax. 748-7734

インフォメーション

改訂版

日本関係機関・緊急連絡先

在タイ日本国大使館本館
1674 New Petchburi Rd. Bangkok 10320
Tel. 252-6151

在タイ日本国大使館領事部
9th Fl. Serm-Mit Tower, 159 Soi Asoke, Sukhumvit 21 Rd. Bangkok 10110
【受付時間】 月曜日から金曜日 午前８時30分～正午
【発給時間】 月曜日から金曜日 午後２時～４時
旅券・証明関係 Tel. 261-1618
邦人保護関係 Tel. 260-8502
査証関係 Tel. 259-0444
査証関係 Tel. 259-0725
査証関係（日本語専用）Tel. 258-9915

在チェンマイ出張駐在官事務所
Unit 104-107, Airport Business Park, 90 Mahidol Rd. T.Haiya, A.Muang ChiangMai 50100
北部９県（チェンマイ県、チェンラーイ県、ランプーン県、プレー県、ランパーン県、ウタラディット県、パヤオ県、ナーン県、メーホーンソーン県）を管轄。業務内容、時間は大使館領事部と同じ。
Tel. 053-203367
邦人保護関係 内線101
旅券・証明関係 内線103
査証関係 内線102

国際交流基金
1972年に設立された外務省所轄の特殊法人で、国際文化交流のさまざまな分野で事業を展開している。日本語図書館、毎週金曜日に開催される日本映画無料上映会、各種イベントなど、我々が普段お世話になる機会も多い。
10th Fl. Serm-Mit Tower, 159 Soi Asoke, Sukhumvit 21 Rd. Bangkok 10110

Tel. 260-8560〜4

泰日経済技術振興協会（ＴＰＡ、ソーソートー）
民間ベースで経済協力を行う必要性から1974年に発足された社団法人。東京に本部がある。ソーソートーとはタイ語読みの略で、ＴＰＡとは英語読みの略。技術研修セミナー、工業計測技術訓練事業、技術書出版、語学教室の開催などを手がけているが、一般の日本人にとってはタイ語教室で馴染みが深い。
5-7 Sukhumvit Soi 29, Phrakanong, Bangkok 10110
Tel. 258-2690

盤谷日本人商工会議所（Japanese Chamber of Commerce Bangkok）
1954年に設立された、非営利目的の経済団体。世界各国の商工会議所の中でも最大規模で、会員数は1,000社を越える。日タイ両国間の経済交流、会員同士の親睦、会員に対する相談・援助活動を主な目的としている。
15th Fl. Amarin Plaza, 500 Ploenchit Rd. Bangkok 10330
Tel. 256-9170〜3

日本貿易振興協会（ＪＥＴＲＯ）
日本とタイの貿易促進、投資、技術のなどの振興を図る目的で1959年に開設された。政治・経済などの基礎情報から投資情報、プラント情報などの収集、また投資状況に関する調査分析などを行っており、中小企業向けにも、通訳、弁護士などの紹介や経営コンサルタントとして専門知識の提供をしている。
JETRO Bldg., 159 Rajdamri Rd. Bangkok 10330
Tel. 253-6441〜5

国際協力事業団（ＪＩＣＡ）
開発途上国の経済と社会の発展に寄与し、国同士の約束に基づく技術協力を主に行っている。タイが世界初で、1957年に開設された。技術協力は多岐にわたり、青年海外協力隊もその一環。
1674/1 New Petchburi Rd. Bangkok 10320
Tel. 251-4462〜3

日本人学校
258 Soi Rongrian Yeepun, Rama 9 Rd. Huay Kwang, Bangkok 10310

Tel. 314-7797～8
小学部と中学部があり、行き帰りはスクールバスを利用することができる。

その他、アジア経済研究所、泰日協会、国際観光振興会、海外技術者研修協会など、タイに日本関連機関は数多く設立されている。

【緊急連絡先】

- **警察または救急車**　191または123
- **ツーリストポリス**　1155
- **在タイ日本国大使館**　Tel. 252-6151～9（代表）
  録音テープが流れるので、その指示にしたがってプッシュホンする。
- **在タイ日本国大使館・領事部**　土・日・祝日・年末年始は閉館
  邦人保護関係　Tel. 260-8504　260-8502
  緊急やむを得ない場合にのみ、３人の担当の携帯電話へ通報する。
  携帯電話　01-846-8265　01-831-8661　01-824-6583

日本国内のタイ関係機関

【ビザの発行手続きができるタイ大使館・領事館】

タイ王国大使館
〒141-0021　東京都品川区上大崎3-14-6
Tel. 03-3441-1386（ビザ・セクション）

タイ王国名誉総領事館
〒220-0005　横浜市西区南幸2-12-6　ストークみきビル403
Tel. 045-312-4128
〒530-0005　大阪市中央区北久宝寺町3-6-9　鴻池ビル東館3階
Tel. 06-6243-5563
〒460-0003　名古屋市中区錦3-6-29　興和内
Tel. 052-963-3001

【タイの情報が入手できるところ】

タイ政府観光庁（ＴＡＴ）
〒100-0006　東京都千代田区有楽町1-7-1　有楽町電気ビル南館2階
Tel. 03-3218-0355
簡単な地図や観光案内、鉄道時刻表、ホテルの資料などが揃っている。また旅行相談にものってくれる。土・日・祝日は休み。

ＴＡＴ大阪事務所
〒550-0014　大阪市西区北堀江1-6-8　テクノーブル四つ橋ビル3階
Tel.06-6543-6654

ＴＡＴ福岡事務所
〒810-0001　福岡市中央区天神1-4-2　エルガーラ6階
Tel. 092-725-8808

国際交流基金アジアセンター・ライブラリー
〒107-0052　東京都港区赤坂2-17-22　赤坂ツインタワー1階
Tel. 03-5562-3895
東南アジアを中心としたアジア諸国の文化・芸術に関する書籍、雑誌・新聞、テープ・ＣＤ、ビデオなどを集めた専門図書館。閲覧、視聴は無料。土・日・祝日・年末年始は閉館。

アジア図書館・アジア文化センター
〒533-0033　大阪市東淀川区東中島5-18-20　ＴＯＡビル
Tel. 06-6321-1839
アジアに興味をもつ人たちが集まり、市民団体が運営管理している図書館。蔵書数は13万冊。図書閲覧・貸し出しは会員登録が必要。アジア語学教室をはじめ、さまざまなイベントが催されている。月曜・祝日休館。

アジア文庫
〒101-0051　東京都千代田区神田神保町1-15　内山ビル5階
Tel. 03-3259-7530
タイ・アジア関係の書籍、雑誌・新聞、音楽テープなどを販売している。

(社)日・タイ経済協力協会（ＪＴＥＣＳ）
〒113-8642　東京都文京区本駒込2-12-13　アジア文化会館内
Tel. 03-3946-4974
タイ映画の上映会など各種イベントやニュースレターが充実している。

ホテル・リスト

1泊1,000バーツ以内で、清潔、安全、アパート探し等に交通の便のよいホテルをご紹介する。連泊すれば割引してくれる所が多いので、３〜４日の宿泊予定でも値引き交渉してみる価値あり。いずれも温水シャワー、エアコン、ベッド付き。

Ｖ．Ｐ．タワー　V.P. Tower
21/45 Soi Chawakun, Rangnam Rd. Phyathai
Tel. 246-8800〜14
ホテル兼マンションで、アパートリストでもご紹介している。お勧めアパート地区・ソイ・ラーンナームにあるので、アパート探しも徒歩で行ける。1泊800バーツ、予算に余裕のある人はここに住んでもＯＫ。

インターチェンジ・タワー　Interchange Tower
94 Soi Ratchapan(Soi Mor Leng), Rajprarop Rd.
Tel. 642-4043〜57
Ｖ．Ｐ.タワーと同じくホテル兼マンションで、アパート・リストでもご紹介している。お勧めアパート地区・ソイ・モーレンにあるので、アパート探しも徒歩で行ける。1泊600バーツ、ここを住居にしてもＯＫ。

サムラン・プレース　Samran Place
302 Petchburi Rd. Ratchathewi
Tel. 611-1245〜54　Fax. 611-1255
数年前にできたばかりの小綺麗なホテル。パヤタイ・ラーテヴィ地区にあり、ペッブリー・ソイ５、ソイ７まで徒歩ですぐ。1泊900バーツ。

【ソイ・カセームサン１周辺】

マーブンクロンセンターと国立競技場のすぐ近く(ラーマ１世通りをはさんだ反対側）にあるソイは、お手頃なホテルがたくさん並んでいる。ホテルと名前がついているものの、１か月単位で宿泊も可能で、中には半年、１年と長期で住む人もいる。

①プラニー・ビルディング　Pranee Building
931/12 Soi Kasemson 1, Rama 1 Rd. Pathumwan
Tel. 216-3181, 215-3053　Fax. 215-0364
ソイの入口にある古いホテル。１階が吹き抜けの食堂になっている。水シャワー１泊400バーツ、温水シャワー500バーツ。１か月滞在すれば10%オフ。

②リーノー・ホテル　Reno Hotel
No.40 Soi Kasemson 1, Rama 1 Rd. Pathumwan
Tel. 215-0026〜7　Fax. 215-3430
昔からあるホテルで少々古い。１泊720バーツ、１か月以上だと１泊500バーツ。デラックス１泊840バーツだとテレビ、冷蔵庫が付く。バスタブ付き。

③ホワイト・ロッジ　White Lodge
36/8 Soi Kasemson 1, Rama 1 Rd. Pathumwan
Tel. 216-8867, 215-3041　Fax. 216-8228
女性好みの雰囲気のホテル。１泊400バーツ。

④エーワン・イン　A-One Inn
25/13-15 Soi Kasemson 1, Rama 1 Rd. Pathumwan
Tel. 215-3029, 216-4770　Fax. 216-4771
日本語でエーワン・インと書かれた看板が出ている。２ベッド１泊450バーツ、３ベッド660バーツ、１か月宿泊で15％引き。

⑤ウェンディ・ハウス　Wendy House
36/2 Soi Kasemson 1, Rama 1 Rd. Pathumwan
Tel. 216-2436〜7　Fax. 612-3487
ダブルベッド１泊450バーツ、１週間2,835バーツ、１か月9,000バーツ

⑥ベッド＆ブレックファスト　The Bed & Breakfast
36/42 Soi Kasemson 1, Rama 1 Rd. Pathumwan
Tel. 215-3004　Fax. 215-2493
部屋は狭いが、白が基調で清潔な感じ。１泊380バーツ、割引はなし。

⑦パトゥムワン・ハウス　Patumwan House
Patumwan House22, Soi Kasemsan 1, Rama 1 Rd.Pathumwan
Tel. 612-3580〜99　Fax. 216-0180
まだ新しい大型ホテル兼アパート。１泊900バーツ、１か月13,000バーツ。

⑧クリット・タイ・マンション　Krit Thai Mansion
931/12 Soi Kasemsan 2, Rama 1 Rd. Pathumwan
Tel. 216-3181, 215-3050　Fax. 215-0364
ラーマ１世通りに面し、ソイ・カセームサン２の入口にある。小綺麗で料金も手頃なことから、リピーターによく利用されているホテル兼マンション。１泊750バーツ、１週間4,725バーツ、１か月15,000バーツ。テレビ、冷蔵庫も付いている。

アパート・リスト

ここでご紹介するすべての物件には、オペレーターを通じてかける電話、最低限必要な家具（ベッド、クローゼット、鏡台）が付いており、床はタイル、記載のないものはワンルーム、リフト、有料の洗濯サービスがついている。また、車のある人は、300〜500バーツ/月ほどで敷地内の駐車場を借りることもできる。交渉する人によって家賃や条件が変わる場合があるので、実際に自分で確かめるようにしよう。景気の動きによっても家賃にかなりの変化が見られ、人気物件は満室ということもしばしば。場所はページの地図を参照。(★はお勧めアパート)

【戦勝記念塔、ラーンナム通り周辺】

粒ぞろいの物件が密集し、近所には屋台、レストラン、デパート、コンビニ、ＢＴＳ駅、公園などが揃った、最もお勧めの地域。このエリアを見て回るだけで、必ず気に入る物件が見つかるはず。まず最初に行ってみてほしい所。

★①バーン・ルートパンヤー　Baan Loet Panya
Tel. 644-9061, 247-9059〜60
家賃/5, 000、5, 200バーツ
保証金/10, 000バーツ
エアコン、温水シャワー
＊リフトがないので、最上階は割引となっている。部屋も広く、清潔で超お勧め物件。

★②テーパターダー・ハウス　Thephatada House
Tel. 248-2975〜6, 245-2853
家賃/9, 000バーツ
エアコン、温水シャワー、バスタブ、テレビ、冷蔵庫、マイクロウェーブ、調理場、フィットネス(300バーツ/月)、24時間警備。
＊何もかも揃ってこの値段は安い。24時間住み込みのおばさんがいろいろ面倒をみてくれる。

③アーカーン・トロンチット　Aakhan Tronchit
Tel. 245-5134
家賃/2,800バーツ(エアコンなし)、3,800バーツ(エアコン付き)
保証金/応相談

④パレス・プレース　Palace Place
Tel. 246-8830～1
家賃/6,500バーツ
保証金/3か月
エアコン、温水シャワー、24時間警備。

⑤ペッチンダー・マンション　Phetchidaa Mansion
Tel. 644-5020～7
家賃/4,800バーツ
保証金/応相談
エアコン、24時間警備。
＊とても広い

★⑥V. P. タワー　V.P. Tower
Tel. 246-8800～14
家賃/スタンダード10,000バーツ、公園側の景色の良い部屋11,500バーツ他
保証金/応相談
エアコン、温水シャワー、バスタブ、テレビ、冷蔵庫、週3回の室内清掃、24時間警備、カードロック、プール。
＊ホテル並の施設で、外観も高級コンドミニアムのよう。

★⑦V. C. コート　V.C. Court
Tel. 642-4343
家賃/9,000～12,000バーツ
保証金/応相談
エアコン、温水シャワー、24時間警備、バスタブ、ケーブルテレビ。

⑧タラ・アパートメント　Tara Apartment
Tel. 248-3473～8
家賃/3,700バーツ
保証金/8,000バーツ

★⑨スパン・マンション　Supan Mansion
Tel. 246-4939
家賃/6,500バーツ
保証金/応相談
エアコン、温水シャワー、テレビ、カードロック、24時間警備。
＊できたばかりのマンションで綺麗。

★⑩クルンテープ・アパートメント　Krungthep Apartment
Tel. 245-2424, 245-2518
家賃/4,100、4,200、4,800バーツ
保証金/8,000〜9,000バーツ
エアコン、24時間警備、レストラン、24時間オープンの雑貨屋、美容院。
家賃プラス400バーツ/月で温水シャワー、プラス300バーツ/月で冷蔵庫、テレビなども貸す。
＊古くからあるアパートで、この地域では有名。

【パヤタイ、ラーチャテーウィー周辺】

屋台がびっしりと並び、24時間オープンのコンビニもある、ソイ・ギンペット、ペッブリー・ソイ５（ソイ・ウィッタヤライクルー）付近。ここもお手頃アパート密集地域として有名なエリア。特にペッブリー・ソイ５にあるアパートは、5,000バーツ以下の家賃でも比較的条件の良い物件が並んでおり、予算的にきつい人にはお勧め。この辺りは、日本人の学生さんが多く住んでいる。

★①ディーマーク・マンション　D-Mark Mansion
Tel. 612-1818
家賃/6,500バーツ、スイート11,000バーツ〜
保証金/家具10,000バーツ＋家賃１か月分
温水シャワー、バスタブ、24時間警備、カードロック、E-mailサービス、衛星放送、食堂、１階に24時間オープンのコンビニ。
＊スイートには冷蔵庫もついている。日本語パンフレットあり。まだ新しく綺麗な物件。

②スティラー・マンション　Sutira Mansion
Tel. 612-1000
家賃/4,500バーツ
保証金/家賃２か月分
カードロック、24時間警備。

★③スカ・プレース　Suka-Place
Tel. 611-0920〜31
家賃/7,500バーツ〜18,000バーツ
保証金/家賃３か月分
温水シャワー、衛星放送、食堂、24時間警備、カードロック。8,500バーツ以上の部屋には流しとバスタブ付き。２ＤＫの部屋は16,000バーツから。
＊まだ新しい物件。

④チャイナーマンション　Chainaa Mansion（建物にはタイ語表記のみ）
Tel. 215-6335, 215-6538, 217-0161
家賃/4,500バーツ
保証金/9,500バーツ
エアコン、カードロック、24時間警備。

★⑤B．K．マンション、L．A．マンション　B.K. Mansion　L.A. Mansion
Tel. 216-7380〜3
家賃/3,000バーツ(扇風機のみ)、3,800バーツ(＋エアコン)、4,500バーツ(＋温水シャワー)
保証金/2か月分
ランドリーサービス、駐車場、24時間オープンのコーヒーショップ、24時間警備。
＊人気物件で少し待つ場合も。

⑥ファミリー・コート　Family Court (建物にはタイ語表記のみ)
Tel. 215-8628
家賃/冷房なし3,000バーツ、冷房あり3,500バーツ
保証金/応相談
＊1階に雑貨屋あり。

⑦プロームスック・マンション　Phromsuk Mansion（建物にはタイ語表記のみ）
Tel. 612-0264〜71
家賃/4,500バーツ
保証金/8,000バーツ
＊24時間オープンの雑貨屋あり。

【プラトゥーナム周辺】

ラーチャプラロップ通りから入るソイ・モーレン、ソイ・ブンプラーロップにある地域。ソイの中はローカルな雰囲気で、屋台なども出ている。高速道路の近くなので多少音がするが、窓を閉めておけばほとんど気にならない。ソイ・モーレンにはソンテオが走り、各ソイの入り口にはモーターサイも待機しているので、ソイ奥の物件でもあまり不便はない。徒歩でも行ける距離。

★①ＫＰマンション　KP Mansion
Tel. 642-4004　642-4074
家賃/部屋の広さにより3,700、3,900、4,500、15,000バーツ
保証金/3,700、3,900バーツの部屋7,400バーツ、4,500バーツの部屋8,500バーツ、15,000バーツの部屋9,000バーツ
エアコン、温水シャワー、食堂、コンビニ、美容院、カードロック、24時間警備付き。冷蔵庫貸し出し月450バーツ、テレビ月500バーツ。
＊3,000バーツ台のアパートとは思えない施設の充実ぶりと清潔さ。予算が少ない人には一押しの物件。

★②インターチェンジ・タワー　Interchange Tower
Tel. 642-4043-57
家賃/２ベッドワンルーム8,000バーツ、２ベッドルーム16,000バーツ
保証金/２か月
エアコン、温水シャワー、バスタブ、流し、テレビ、冷蔵庫、プール、コーヒーショップ、ケーブルテレビ付き。
＊６か月以上住む約束をすれば家賃を下げてくれる。ワンルーム7,000バーツでＯＫ。ホテルと同じ造りで清潔。

★③マンションＫ．Ｊ．Ｓ．　Mansion K.J.S.
Tel. 642-6308-9
家賃/5,800、6,200、7,800〜8,400、13,000バーツ

保証金/5,800バーツの部屋9,000バーツ、6,200バーツの部屋10,000バーツ、7,800〜8,400バーツの部屋12,000バーツ、13,000バーツの部屋20,000バーツ
エアコン、温水シャワー、カードロック、24時間警備、24時間コンビニ、食堂、ケーブルテレビ、無料駐車場付き。
＊ソイの奥にあるが、近くに屋台や雑貨屋も多く生活に便利。家賃は交渉すれば1,000〜2,000バーツ値下げしてくれる。

④コンシン・アパートメント　Kongsin Apartment
Tel. 642-4555〜63　ext.100, 103
家賃/5,000、5,500バーツ
保証金/3か月
エアコン、カードロック、美容院。温水シャワー付きの場合、プラス月250バーツ。

⑤プレジデント・アパートメント　President Apartment
家賃/エアコンなし4,500バーツ、エアコン部屋5,000、5,300、6,000バーツ。

保証金/4,500バーツの部屋6,000バーツ、5,000バーツの部屋7,000バーツ、5,300、6,000バーツの部屋8,000バーツ。

食堂、美容院、カードロック、24時間警備、ケーブルテレビ付き。
＊古いが、それなりに味がある物件。

★⑥ラーチャプラロップ・タワー・マンション　Ratchaprarop Tower Mansion
Tel. 245-3355, 245-5404
家賃/4,900、5,200、5,900、7,200、7,500、10,000バーツ以上の部屋も。
保証金/３か月
エアコン、温水シャワー、食堂、コンビニ、美容院、ケーブルテレビ、プール、ジャグジー、フィットネスルーム、24時間警備、カードロック、ビデオショップ、仕立屋、タクシーサービス付き。
＊日本人が非常に多く、「日本人の方へ」と書かれた日本語の張り紙もある。英語の得意な管理人がいる。この地域では一番有名な物件。

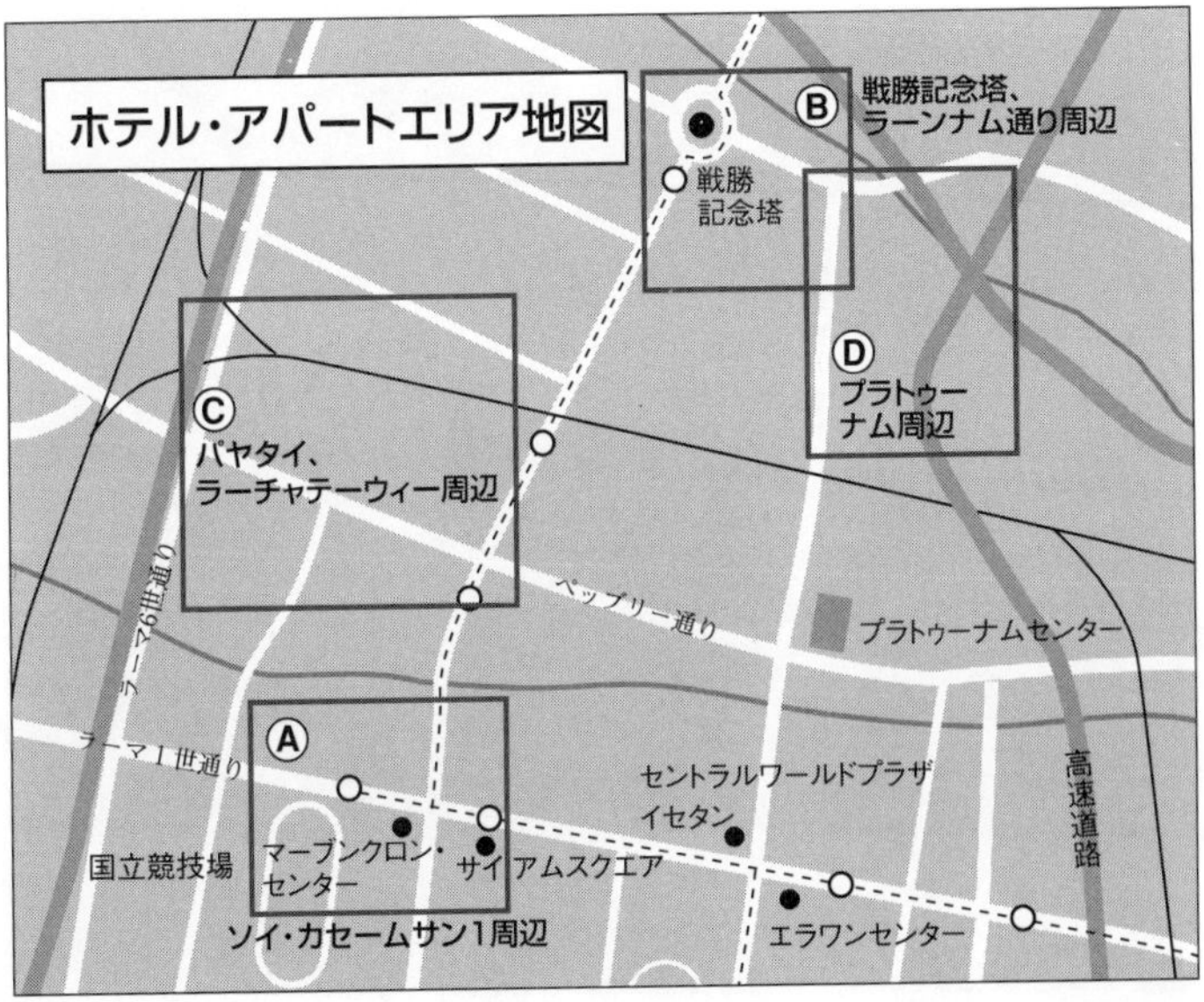

日系不動産業者リスト

日本人がいる不動産業者を以下にまとめた。

ティーデーシー　TDC(Tokyo Development Consultants Co.,Ltd.)
Floor 12A Richmond Office
75/35 Soi Sukhumvit 26, Sukhumvit Rd., Klongton, Klongtoey,
Bangkok 10110
Tel. 260-3698～9 Fax. 260-3697

あぱまん情報　T.W.Y.Co.,Ltd.
1st Fl. 159 Serm-Mit Tower, Soi Asoke, Sukhumvit 21 Rd. Wattana,
Bangkok 10110
Tel. 260-8668 Fax. 260-8663

バンコク住宅情報　B.J.J.Co.,Ltd.
17 Fl. Home Place Office Bldg., 283/87 Soi Tohglor 13,
Sukhumvit 55 Rd. Bangkok 10110
Tel. 712-7377 Fax. 712-7375

小林　Kobayashi Co.,Ltd.
3rd Fl. Thai Development Insurance Bldg., 42 Surawongse Rd.
Bangkok 10500
Tel. 235-6517 Fax. 237-4072

コトブキ　Siam Kotobuki Co.,Ltd.
615-617 Sukhumvit Rd. (soi 35), Klongton-Nua, Wattana,
Bangkok 10110
Tel. 233-9870～1 Fax. 267-6546

＊タイ国内からバンコクに電話をかける際は局番02が必要です。

病院リスト

【総合病院】
いずれの病院も日本人がよく通い、日本語が通じる医師、看護婦、日本人通訳などがおり、海外旅行保険によるキャッシュレス・メディカルサービスを受けつけている（保険会社によって使えない場合もあるので、事前に確認を）。24時間受付。

サミティウェート・スクムビット総合病院
Samitivej Sukhumvit Hospital
133 Sukhumvit 49 Rd. North Klongton, Wattana, Bangkok 10110
Tel. 381-3491(日本人相談窓口直通)　Fax. 391-1290
日本人相談窓口が常設されており、全科完備、キャッシュレスサービスは、海外旅行保険36社対応。

プララーム９病院
Praram9 Hospital
99 Soi Praram 9 Hospital, Rama 9 Rd. Bangkok 10320
Tel. 248-8020　Fax. 248-8018
東大卒のモンコン院長先生は、日本語が堪能で非常に優秀な方。日本語での予約、通訳サービスあり。

バムルンラート総合病院
Bumrungrad Hospital
33 Soi Nana, Sukhumvit 3 Rd. Klongtoey, Bangkok 10110
Tel. 667-1000(オペレーター)、667-1501(日本語可)　Fax. 667-2525
タイで最も大きな総合病院。建物も新しく、ホテル並の施設。日本語通訳を頼むことができる。

バンコク・ゼネラル・ホスピタル
Bangkok General Hospital
2 Soi Soonvijai 7, New Petchburi Rd. Bangkok 10320
Tel. 310-3000　Fax. 318-3367

ジャパンメディカルサービスセンター付属。各科に日本に留学経験のある医師がおり、先生と直接日本語で話をすることができる。

ウィパワディー国際診療所
Vibhavadi General Hospital
18th Fl. Vibhavadi General Hospital, 51/3 Ngamwongwan Rd.
Tel. 941-2920, 561-1260-7 Ext. 3801
日本の池田病院との提携病院。
President Park, Sukhumvit 24 Rd.
Tel. 01-836-9217

【歯科クリニック】
以下の歯科クリニックはすべて日本語が通じる。他にも数多くのクリニックがある。

愛歯科
Ai-Siam Dental Clinic
Basement SSP Tower, 555/2 Soi Ekamai, Sukhumvit 63 Rd. Klongton, Bangkok 10110
Tel. 711-5586〜7 Fax. 711-5588
日本人歯科医がていねいに歯磨き指導から治療内容までを説明してくれる。

プロムジャイ歯科
Promjai Dental Clinic
11 Sukhumvit Soi 39, Wattana, Bangkok 10110
Tel. 662-6070〜2 Fax. 258-9532
タイの美人女医が治療してくれる。日本人を対象にしているので、日本語を話すスタッフが常駐している。料金は少し高め。

恵歯会
Keishikai Dental Clinic
682/9-10 Sukhumvit Rd. (Between Soi 24-26) Prakhanong, Bangkok 10110
Tel. 258-6268 Fax. 661-2672
日本人歯科技工士と、日本語を話すスタッフがいる。

現地発行の役立ち本

『ハロータイランド』

日本語と英語で表記された電話帳。タイに住む日本人が、普段の生活やビジネス上で必要とする会社や店舗などの住所、電話番号がズラリと記されている。また、後半の生活情報は、ビザから交通、教育、医療、レジャー、ビジネス、地方情報と多岐にわたり、かなり詳しく記されているので、1冊持っていると何かと便利。1年1回発行。日系書店で入手できる。

480バーツ　発行/Comm Bangkok Co., Ltd.

『タイ工場年鑑』　Factory Directory in Thailand
タイの工業団地内の工場を中心に、約2,000社の主要工場データを24の業種に分類して収録してある。データは会社名、住所、電話・ファックス番号、代表者名、資本金、設立年月日、従業員数など。工業団地への勤務を希望する人には参考になるだろう。1年1回発行。日系書店で入手できる。
1,800バーツ　発行/Comm Bangkok Co., Ltd.

『Bangkok Map (Business Location Guide Bangkok)』

会社を訪問する時などに便利な地図。すべて英語で書かれており、ビル名やコンドミニアム名までが詳細に記されている。巻末に索引がついており、ビル名から場所をたどっていくこともできる。ローカル書店などで販売。Ａ4版、ハードカバー、550バーツ。


『商工会議所会員名簿』

盤谷日本人商工会議所の名簿は、会員でない場合は2,500バーツで購入できる。会社名、住所、電話番号、業務内容、代表者名を知ることができ、どのような日系企業が進出しているのかを知ることができるが、取り扱いには注意したい。年1回発行。商工会議所にて購入できる。毎年5月ぐらいに新年度版が発行される。


『日タイ実用辞典』

タイで生活する上で、必要かつ実用的な単語が収録。また、単語の使い方や文法理解の助けになるよう工夫されており、日常会話で大いに役立つ。

780バーツ　発行/Voice Thailand Co.,Ltd.

『音で引くタイ日実用辞典』

タイ語が読めない人のための、「音」で引けるタイ日辞典。人によって違って聞こえるタイ語の発音。この耳から入ってきた音をもとに意味を引ける、画期的な辞書。タイでのみ販売。日系書店にて入手できる。

980バーツ　発行/Voice Thailand Co.,Ltd.

バンコクの日系書店

紀伊國屋書店　Kinokuniya Bookstores (Thailand) Co.,Ltd.
6th Fl. Isetan (World Trade Centre)
Rajadamri Rd. Pathumwan Bangkok 10330
Tel. 255-9834～36

東京堂書店　Tokyodo Bookstore
スクムビット・ソイ33/1店
593/29-39　Sukhumvit Soi 33/1, Bangkok 10110
Tel. 260-3569
エンポリウム店
3rd Fl. Emporium Shopping Center, Sukhumvit Soi 24, Bangkok 10110
Tel. 664-8540
アマリンプラザ店
502 Amarin Plaza, Ploenchit Rd. Bangkok 10310
Tel. 248-5541

泰文堂書店　Thai Bundoh Shoten Co.,Ltd.
アマリンそごう店
4th Fl. Amarin SOGO 500, Ploenchit Rd. Bangkok 10330
Tel. 251-3975
タニヤプラザ店
1st Fl. Thaniya Plaza, 56　Silom Rd. Bangkok 10500
Tel. 231-2156

タイ語学校リスト

ソーソートー(泰日経済技術振興協会)付属語学学校
5-7 Sukhumvit Soi 29, Bangkok 10110
Tel. 259-9160 Ext. 1640,1811　Fax. 662-1019
100%日本人のためのタイ語学校で、日本語で書かれた教科書『実用タイ語会話』は秀逸。先生はタイ人だが全員日本語がペラペラなので、質問しやすい。生徒は駐在員の奥さんが中心だが、個人でタイに来た人も習いに来ている。また夕方開講の初級コースもあり、働きながら通うこともできる。各コース定員30名。また、学生ビザが欲しい人は、予め日本で申し込めば取得可能だが、手数料等は割高となる。
【昼間のコース】
●初級　前期・後期
月～金曜日、午前9時～11時30分　全100時間(12月を除く毎月開講)
授業料：前期・後期各5,800バーツ
●中級　前期・後期
月、水、金曜日、午前9時～11時30分　全100時間(不定期開講)
授業料：前期・後期各6,500バーツ
【夕方のコース】
●初級　前期・後期
月、水、金曜日、もしくは火・木曜日、午後6時30分～8時(不定期開講)
授業料：前期・後期各5,100バーツ
●ポーホックコース
毎年4月もしくは6月スタートで、12月の試験直前で終了。
その他、タイ文字コース(月水金、午前9時～11時30分、約2か月間、受講料5,100～5,800バーツ、不定期開講)、タイ語初級復習コース、歌って覚えるタイ語講座(人気のタイポップスを使ったコース)などもある。

【日本での問い合わせ・申し込み】
(財) アジア学生文化協会 (ABK)アジアセミナー
〒113-8642　東京都文京区本駒込2-12-13　アジア文化会館
Tel. 03-3946-4122　Fax. 03-3946-4123

ユニオン
Union Language School
11th Fl. C.C.T. Bldg., 109 Surawongse Rd. Bangkok 10500
Tel. 233-4482 235-4030 Ext. 216
タイで布教活動する人たちのためのミッション系の学校だが、一般の入学もOK。授業内容とその密度には定評があり基礎コースのモジュール1～6までを半年間でこなせば、会話から読み書きまで一通りを学習できる。入学希望者が門前払いを食いやすいという話は有名であるが、長年務めていた校長と秘書が勇退し、新たに「スティラー・タイ語学校」（132ページ参照）を設立した。そのため、両校とも門戸を広げており、最近はずいぶんと入りやすくなったようだ。
月～金曜日　午前7時45分～11時50分
【基礎コース】モジュール1～6【毎月1モジュールずつ進む)
モジュール6まで終了すると、社会問題、新聞読解などの選択コースになる。ポーホック試験準備コースあり。
授業料：約6,100バーツ/月（モジュールにより異なる）

AUA
179 rajadamri Rd. Bangkok 10330
Tel.252-8170 Ext. 399 Fax.252-8398 E-mail: info@auatd.org
毎日1時間単位の授業を好きな時間分選択し、200時間10レベルを目標とする。授業内容がユニークで、まるで両親の話す言葉を覚えていく赤ん坊のごとく、2人の先生がおもしろおかしく話すタイ語を聞いて、自然に言葉を覚えていくというもの。初級の段階では生徒はタイ語を話してはならず、あくまでも耳から覚えていく授業スタイルを貫いている。この方法は賛否両論だが、全くのタイ語初心者よりも、ある程度タイ語を覚えた人か、時間にゆとりのある人、細切れの時間を有効に使いたい人向き、というのが大方の意見。しかし、授業料が安いのがなんといっても魅力。一括で前払いすると割引もある。200時間一括支払いの場合は、1時間80バーツ程度と安い。学生ビザの発行も可能。
月～金曜日　午前8時～正午、午後1時～4時、午後5時～8時30分（金曜日のみ午後5時30分～）
土曜日　午前9時～正午、午後1時～4時

タイ伊東スクール

Thai-Itoh Intensive Course

No.5 Thai Ithoh Bldg.,Sukhumvit Soi 43, klongtoey, Bangkok 10110

Tel. 261-1853～4　Fax. 259-2179

日本の神田予備校を運営する伊東学園出資の学校。日本語が通じるのでタイに住み始めたばかりの人にとっては何かと便利。タイ語留学９か月コースを選ぶと、日本で手続きができ、学生ビザも取得できる上、ポーホックの受験までみっちり指導してくれる。

●タイ語留学９か月コース

毎年４月から１２月まで。月～金　１日４時間

授業料：90,500バーツ

●そのほかにも、タイ語初級講座（週２回もしくは３回）、タイ文字入門講座（週２回）、タイ語短期集中講座（全３週間、月～金、１日４時間）がある。

キングスウッド・ランゲージ・センター

Kingswood Language center

682/4 Sukhumvit Rd.(between Soi 24-26),

Bangkok 10110

Tel. 258-6920,259-6638　Fax. 259-6538

スクムビット通りのエンポリウム近くにある。クラス申し込み時に、前金として500バーツを支払い、コースの予約を入れ、コース開始までに全額を支払う。グループレッスンのキャンセル禁止など、授業キャンセル時の条件が少々厳しい。プライベートもしくは友人・同僚とのグループレッスン向き。時間は応相談。

●教室授業

グループレッスン：１コース30時間

１グループ最小５名より

3,500バーツ/１名

プライベートレッスン：１コース20時間

１名　8,500バーツ/1名

２名　4,750バーツ/1名

３名　3,500バーツ/1名

４名　2,850バーツ/1名

●出張授業のプライベートレッスンもある。生徒の人数により料金が異なる。

トンロー・タイ語学校

Tong-Lor Thai Language School
806 Sukhumvit Soi 38, Bangkok 10110
Tel. 391-6358 712-0886 Fax. 390-0244

タイ語初心者からタイ語能力試験ポーホックを目指す人までをカバーしている。9か月間の就学ビザを発行してくれる。曜日、時間が自由に選べ、自宅や職場への出張もOK。.プライベートもしくは友人・同僚とのグループレッスン向き。上級コース修了者には卒業証書を発行。

●教室授業

プライベートレッスン：1コース30時間
月～金曜日　午前8時～午後5時の間で選択
1名　1日1時間12,000バーツ、　1日2時間9,600バーツ、
　　1日3時間8,700バーツ
2名　1日1時間9,600バーツ、　1日2時間7,200バーツ、
　　1日3時間6,000バーツ
3～6名　1日1時間9,000バーツ、　1日2時間7,200バーツ、
　　1日3時間5,700

シリ・パッタナー・タイ・ランゲージスクール

Siri-pattana Thai Language School
13 South Sathorn Rd.(Inside YWCA 5F),Bangkok 10500
Tel. 213-1206 Fax. 677-3150

タイ語初心者からタイ語能力試験ポーホックの受験準備コースまでを設置。教師は日本語もしくは英語を話せる。時間を自由に選べて、自宅や職場への出張授業も可。トンロー・タイ語学校と姉妹校で同様の授業内容だが、場所があまりよくないせいか平日の授業料が少し安めになっている。

●教室授業

プライベートレッスン：1コース30時間
月～金曜日　午前8時～午後5時の間で選択
1名　1日1時間11,700バーツ　1日2時間9,000バーツ、
　　1日3時間7,600バーツ
2名　1日1時間9,600バーツ、1日2時間7,200バーツ、
　　1日3時間6,000バーツ

3～6名　1日1時間8,500バーツ、　1日2時間5,500バーツ

マリサ・ランゲージスクール

Malisa Language School
17/7 Sukhumvit Soi 6, Bangkok　10110
Tel. 251-0758～9　Fax. 252-0549

日本人のためのカルチャー教室なので、日本語が通じる。タイ語レッスンのほかにも、タイ料理、フルーツ・カービング、タイ楽器、タイダンスなどの講座がある。

●初級講座（1）
火・木曜日　全25回　午前9時30分～11時30分
授業料：4,500バーツ

●初級講座（2）タイ語で日常会話ができる人向け
月・水・金曜日　全33回　午前9時30分～11時30分
授業料：5,900バーツ

●中級講座　さらに実力をつけたい人向け
火・木曜日　全25回　午前9時30分～11時30分
授業料：4,500バーツ

●タイ文字講座（1）
水・金曜日　全25回　午前9時30分～11時30分
授業料：4,500バーツ

●タイ文字講座（2）
火・木曜日　全25回　午前9時30分～11時30分
授業料：4,500バーツ

スティラー・タイ語学校

BK Mansion, 9th Floor. Room93, Sukhumvit59, Wattana, Bangkok 10110

129ページで紹介したユニオンの元校長であるスティラー女史が新たに設立したタイ語学校。ユニオンの教科書や授業システムは、彼女が作ったと言われており、授業内容はユニオンと同じ。交通の便の良い学校を選べばよい。場所柄、日本人の生徒が多い。

午前コース：午前9時～12時
午後コース：午後1時～4時
授業料：6,000バーツ/月

タイ語学校　タイランゲージステーション（ＴＬＳ）　バンコク校
14fl., Times Square Building 246 Sukhumvit Rd., Between Soi 12-14 Khrongtoey, Bangkok 10110
Tel. 653-0887　　Fax. 653-0650
東京と大阪にあるＴＬＳのバンコク校。英語または日本語で、言葉の微妙なニュアンスや、意味の似た単語の使い分け方などを的確に指導することをモットーとしている。
タイ語検定試験対策コース、タイ語翻訳タイ語通訳コース、旅行者向けのコースもあり、１レッスン50分の授業を500バーツ～900バーツで受講できる。
月～金曜日　午前８時～正午、午後１時～５時
授業料：6,000バーツ/月
●プライベートレッスン
１人　20レッスン　9,000バーツ、40レッスン　16,000バーツ、60レッスン　21,000バーツ
２人　20レッスン　7,200バーツ、40レッスン　12,800バーツ、60レッスン　16,800バーツ
３人　20レッスン　6,300バーツ、40レッスン　11,200バーツ、60レッスン　14,700バーツ

タイ・チェンマイ亜矢語学学校
Nakornping condominium juristic room 115
2 rajchaphuuk Rd. Amphur muang Chiangmai 50300
Tel. 053-227-384
チェンマイにある語学学校。日本語のできる講師による授業で、１クラス６人の少人数制。一般のタイ語学校と異なり、まずタイ文字に親しむことで、タイ人に通じるしっかりとした発音ができるよう指導しているが、もちろん通常のタイ語会話コースも用意されている。シルバーコース、プライベートレッスン、タイ人に日本語を教えるためのタイ語コース、日本で暮らす人のためのサマースタディタイ語コースもあり。日本人講師がいるので、いろいろと相談できる。年間360時間就学する人には、学生ビザを発給する。
月～金曜日　午前10時～正午、午後１時～３時、午後３時半～５時半
１日２時間

●タイ文字読み書き（1～3コース）
各30時間
授業料：各コース2,500バーツ
全3コース90時間終了でタイ文字の読み書きが可能。
●日本の夏休みコース
約1か月間のタイ語クラス
授業料：15,000バーツ

AAA（アドバンス・アカデミー Alliance）タイ・ランゲージセンター
6Fl. Vanissa Building, 29 Chit Lom Road,
Patumwan, Bangkok 10330
Tel. 655-5629
こちらも「ユニオン方式」を採用した学校。BTSチットロム駅近く。
月～金曜日　午前9時～11時50分、午後1時～3時半
授業料：5,700バーツ／月
●プライベートレッスン
月～金曜日　午前7時～8時30分、午後4時30分～6時

チュラロンコン大学タイ語プログラム
Chulalongkorn University
Faculty of Arts, Chulalongkorn University Bangkok 10330
Tel. 218-4638　Fax.218-4687
E-mail: tkongkar@netserv.chula.ac.th
「タイの東大」と言われているチュラロンコン大学の、外国人聴講生タイ・スタディのプログラムの一つ。Basic 1～3、Intermediate 1～3、Advanced 1～3の計9コースがある。1コース100時間（約1か月）、全コースを終了するためには約1年かかる。タイ語を学ぶのと同時に、タイ文化に触れるテキスト内容が特徴。授業料は外国人料金で非常に高いが、名門チュラロンコンのキャンパスを大学生気分で歩くのは、なかなかオツなものだとか。学生ビザの取得が可能。
月～金曜日　午前10時～午後3時（公休日は除く）
登録料：2,500バーツ、授業料：各コース25,000バーツ

＊タイ国内からバンコクに電話をかける際は局番02が必要です。

バンコク近郊の工業団地

以下にバンコクからの通勤圏内にある工業団地をまとめた。

バンコク都内

・バンチャン工業団地 (Bangkok Industrial Estate)
・ジェモポリス工業団地 (Gemopolis Industrial Estate)
・ラカバン工業団地 (Ladkrabang Industrial Estate)

サムットプラーカーン県

・バンプリー工業団地 (Bangplee Industrial Estate)
・バンプー工業団地 (Bangpoo Industrial Estate)
・テパラック工業団地 (Theparak Industrial Estate)

パトゥムターニー県

・バンカディ工業団地 (Bangkadi Industrial Estate)
・ナワナコン工業団地 (Navanakorn Industrial Estate)

アユタヤ県

・バンパイン工業団地 (Bangpa-in Industrial Estate)
・ハイテック工業団地 (Hi-Tech Industrial Estate)
・ロジャナ工業団地 (Rojana Industrial Estate)
・サハラタナナコン工業団地 (Saharattananakorn Industrial Estate)

チャチューンサオ県

・ウェルグロウ工業団地 (Wellgrow Industrial Estate)

タイを知るための必読書

タイ人と働く―― ヒエラルキー的社会と気配り
ヘンリー・ホームズ&スチャダー・タントンタウィー　末廣昭訳
タイ人と働いていると、思いもよらないようなトラブルが生じることがあります。商習慣の違い、価値観の違い、背景となる歴史の違い…。それらを1つ1つ分析し、どうやったら彼らとうまくやっていけるかを考え、ユニークな「タイ人論」にまで発展させたのが本書です。バンコクで出版されて以来、欧米のビジネスマンの間で好評を博し、バイブル的存在になっています。訳者は『タイの財閥』などの著書で、タイ経済の分析ではナンバー1の末廣東大教授。

タイ・インサイドレポート――「成長神話」の夢と裏切り
プラウィット・ロチャナプルック　永井浩訳
タイの英字紙『ネーション』の看板記者が、外国人の目には普段触れることのないタイ社会の実態を描きます。著書は、農民、労働者、スラムの住民、学生、キャリアウーマン、住民運動のリーダー、政治家など様々な階層のタイ人の姿を通じて、タイ社会が抱える問題や、それを乗り越え彼らがどこへ向かうのかを、我々に伝えます。タイを知る上でキーワードとなる基本事項、事件や概念（例えば王族のしくみ、教育制度、民主化革命、憲法改正、中間層…）に関する丁寧な訳注も好評です。

マンゴーが空から降ってくる――タイの田舎に暮らすということ
水野潮
バンコクよりもタイの田舎が好き！ という人におすすめ。奥さんの実家のあるチェンライの寒村に暮らして十数年。物も職もないけれど、さほどお金も必要としなかった80年代から、豊かになる一方で何かが失われつつある現在までのタイ農村の移り行く様を、身をもって体験してきた著者が語る「タイの田舎に暮らすということ」とは…。豊かな自然と、伝統と、今を楽しく生きる村人たちのお話。

タイ鉄道旅行
岡本和之
タイの鉄道を全線徹底ガイド。タイ語は完璧、博学で真面目で好奇心旺盛、岡本さんの書くことは面白い。情報満載でタイ国内旅行者には必読書です。

タイ仏教入門
石井米雄
タイ社会とタイ人のことを知ろうと思って欠かせないのが、彼らの信仰する上座仏教のこと。タイの碩学がタイ仏教の構造を分かり易く説いた本書を読めば、「タイ人にとって仏教とはなにか」が見えてきます。
【発行はすべてめこん】